Index

Band 375

OutdoorHandbuch

Michael Hennemann

GPS

Grundlagen · Tourenplanung · Navigation

GPS

Dieses OutdoorHandbuch wurde konzipiert und redaktionell erstellt vom:

Conrad Stein Verlag GmbH
Kiefernstr. 6, 59514 Welver
023 84/96 39 12
info@conrad-stein-verlag.de
www.conrad-stein-verlag.de
www.facebook.com/outdoorverlag
www.instagram.com/outdoorverlag

Klimaneutral
Druckprodukt
ClimatePartner.com/53106-2307-1002

Als Outdoor-Verlag sind uns der Schutz und die Erhaltung der Natur seit jeher ein besonderes Anliegen. Auch in Sachen Klimaschutz haben wir eine Vorreiterrolle inne: Wir sind der einzige Buchverlag in Deutschland, der bereits seit 2008 seine Bücher konsequent klimaneutral in Deutschland produzieren und transportieren lässt. Dabei wird nicht nur klimaneutral, sondern auch nachhaltig, d. h. so umweltschonend wie möglich produziert, z. B. durch die Auswahl von umweltfreundlichen Materialien. Die bei der Produktion der Bücher entstandenen CO_2-Emissionen werden durch die Unterstützung von zertifizierten Klimaschutzprojekten ausgeglichen. Jedes Buch wird daher mit dem Logo „klimaneutral" und einer ClimatePartner-Zertifikatsnummer versehen. Mithilfe dieser Nummer können Sie unter www.climatepartner.com Informationen zu der eingesparten CO_2-Menge und dem Projekt finden, das mit der Abgabe gefördert wird.

Das Engagement des Conrad Stein Verlags wurde im Rahmen des Projekts „Klimaneutraler Buchverlag" mit dem Westenergie Klimaschutzpreis 2022 ausgezeichnet.

OutdoorHandbuch Band 375

ISBN 978-3-86686-769-7 2., aktualisierte Auflage 2023

Text: Michael Hennemann
Abbildungen und Fotos, wenn nicht anders angegeben: Michael Hennemann
Illustrationen auf Seite 90, 91, 92, 94: Reinhard Kummer
Lektorat und Layout: Ulrich Clasen

Gesamtherstellung: AZ Druck und Datentechnik GmbH, Kempten

Dieses OutdoorHandbuch hat 160 Seiten mit 269 farbigen Abbildungen.

Autor und Verlag freuen sich über Ihr Feedback. Schreiben Sie Ihre Tipps und Verbesserungen an info@conrad-stein-verlag.de oder nutzen Sie unsere Social-Media-Kanäle. Bitte nennen Sie dabei Titel, Auflage und Seitennummer.

Dieses Buch ist im Buchhandel und in Ausrüstungsläden erhältlich und kann im Internet oder direkt beim Verlag bestellt werden.

Titelfoto: Garmin Basecamp und Garmin eTrex Touch 35, im Hintergrund Landschaft am Padjelantaleden, Nordschweden

Inhalt

7

Vorwort

„Geht es an der nächsten Kreuzung nach rechts oder nach links?" „Wie lange müssen wir noch bergan?" Und natürlich der Klassiker: „Wann sind wir endlich da?" Gut, dass es GPS-Geräte gibt, die bei der Orientierung unterwegs keine Frage unbeantwortet lassen.

Egal ob zu Fuß, auf dem Rad oder im Kanu: Eine Tour macht gleich doppelt so viel Spaß, wenn nicht ständig die Angst „Sind wir eigentlich noch auf dem richtigen Weg?" mitreist. Aber einfach Postleitzahl und Straße des Ziels eintippen wie vom Autonavi gewohnt funktioniert bei der digitalen Outdoornavigation (noch) nicht und das liegt nicht alleine daran, dass die Hütte im Wald meist keine Adresse hat.

Dieses Buch hilft Ihnen dabei, das optimale GPS-Gerät für Ihre Outdoorunternehmungen auszuwählen und für die nächste Trekkingtour, Wanderung oder den nächsten Radurlaub oder Kanuausflug zu nutzen.

Neben Empfehlungen für die sinnvollen Grundeinstellungen im oftmals vielschichtigen Menü des GPS-Empfängers lernen Sie auch die wichtigsten Navigationsgrundlagen wie das Ansteuern eines beliebigen Wegpunktes oder wie Sie anhand der Trackaufzeichnung zurück zum Ausgangspunkt kommen.

Digitale Karten bilden die Grundlage für die Tourenplanung mit dem und für das GPS-Gerät. Aber wo finden Sie die, welche sind die richtigen und wie kommen sie in den Gerätespeicher? Antworten dazu finden Sie in diesem Buch ebenso wie Hinweise auf empfehlenswerte Tourenportale im Internet, bei denen Sie unkompliziert fertige Tracks herunterladen können.

Das Thema GPS-Navigation auf Outdoortouren ist komplexer, als man zunächst meint, aber keine Angst, nach der Lektüre dieses Buchs wissen Sie unterwegs immer, wo es langgeht.

Michael Hennemann

Was ist GPS?

Wenn von GPS (= Global Positioning System) die Rede ist, ist genau genommen das NAVSTAR-GPS (Navigational Satellite Timing and Ranging – Global Positioning System) gemeint. Es war das erste weltweit nutzbare Satellitennavigationssystem, das vom US-Militär entwickelt und 1995 für die zivile Nutzung freigegeben wurde.

Seither hat sich die Satellitennavigation mit rasender Geschwindigkeit verbreitet. Kaum noch ein Autofahrer, der sich nicht von der elektronischen Stimme seines Navis ans Ziel leiten lässt, und auch aus dem übrigen Alltag ist die Technik nicht mehr wegzudenken. GPS-Chips gehören inzwischen zur Standardausstattung von Smartphones und in einer fremden Stadt wird einfach die entsprechende App befragt, welches Restaurant in der Nähe empfehlenswert ist, wie man zum Hotel kommt oder wo die nächste Bushaltestelle zu finden ist.

Weitere Satellitennavigationssysteme

Auch wenn das US-amerikanische (NAVSTAR-)GPS (💻 www.gps.gov) im allgemeinen Sprachgebrauch meist als Synonym für die Satellitennavigation gebraucht wird, ist es längst nicht mehr das einzige globale Satellitennavigationssystem, denn auch die EU, Russland und China haben inzwischen eigene Systeme aufgebaut.

Als zweites weltweit arbeitendes Satellitennavigationssystem nahm das vom russischen Verteidigungsministerium betriebene GLONASS (💻 https://glonass-iac.ru/deu/about_glonass/) seinen Betrieb auf. Mit zivilen Endgeräten nutzbar ist es aber erst seit 2011. Im Dezember 2016 waren die ersten Dienste des europäischen Satellitennavigationssystem Galileo (💻 www.esa.int) verfügbar und seit April 2022 ist auch das chinesische BeiDou (💻 http://en.beidou.gov.cn/) für die zivile Nutzung freigegeben.

So funktioniert die Satellitennavigation

Um einen GPS-Empfänger zu bedienen, muss man die Grundlagen und die Funktionsweise der Satellitennavigation nicht unbedingt kennen. Wenn Sie sofort loslegen und wissen möchten, wie Sie den GPS-Empfänger bedienen und in der Praxis für die Outdoornavigation nutzen können, können Sie die folgenden Seiten zunächst überspringen.

Zu einem späteren Zeitpunkt sollten Sie die Lektüre dann aber nachholen, denn die Grundlagen sind nicht nur graue Theorie, sondern können sich in der Praxis durchaus als nützlich erweisen, z. B. wenn es darum geht, in schwierigen Situationen den Empfang zu verbessern.

Egal ob GPS, GLONASS oder Galileo, bei jedem Satellitennavigationssystem sind immer mindestens die drei folgenden Komponenten beteiligt:

- die Satelliten im Weltraum,
- mehrere Bodenstationen, die die Satelliten überwachen und steuern, sowie
- das GPS-Gerät des Benutzers.

Die Konstellation der NAVSTAR-Satelliten. Die einzelnen Bahnen sind jeweils um 60° gegeneinander versetzt und 55° gegen den Äquator geneigt, um einen ungehinderten Empfang aus allen Teilen der Erde zu gewährleisten. Das hat allerdings zur Folge, dass die Satelliten umso tiefer am Horizont stehen, je weiter man sich den Polen nähert. Bildquelle: Regierung der Vereinigen Staaten von Amerika, 💻 www.gps.gov

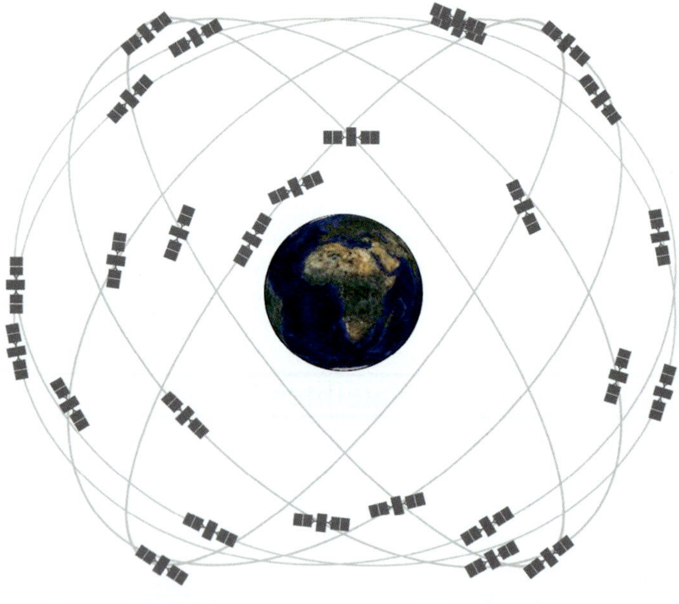

Die Satelliten

Insgesamt kreisen derzeit (Stand Mai 2023) 31 NAVSTAR-Satelliten auf sechs gleichbleibenden Umlaufbahnen in etwa 20.200 km Höhe um die Erde. Jeder Satellit umrundet die Erde zweimal am Tag. Die Konstellation ist dabei so gewählt, dass ein Nutzer praktisch an jedem Punkt der Erde zumindest die Signale von vier Satelliten empfangen kann, die für eine exakte Positionsbestimmung erforderlich sind (☞ Seite 12).

Jeder Satellit sendet in einem regelmäßigen Intervall ein Signal mit seiner Position und der exakten Uhrzeit (dafür hat jeder Satellit eine Atomuhr an Bord) aus. Die Radiowellen breiten sich mit Lichtgeschwindigkeit durch das All aus und können auch Wolken, Rauch, Regen oder Dunst durchdringen.

2D-Positionsbestimmung mit drei Satelliten. Die Laufzeiten sind zur Veranschaulichung übertrieben lang gewählt. In Wahrheit sind die Signale vom Satelliten zur Erdoberfläche mit Lichtgeschwindigkeit von nahezu 300.000 km/s unterwegs und brauchen nur etwa 0,07 Sek.

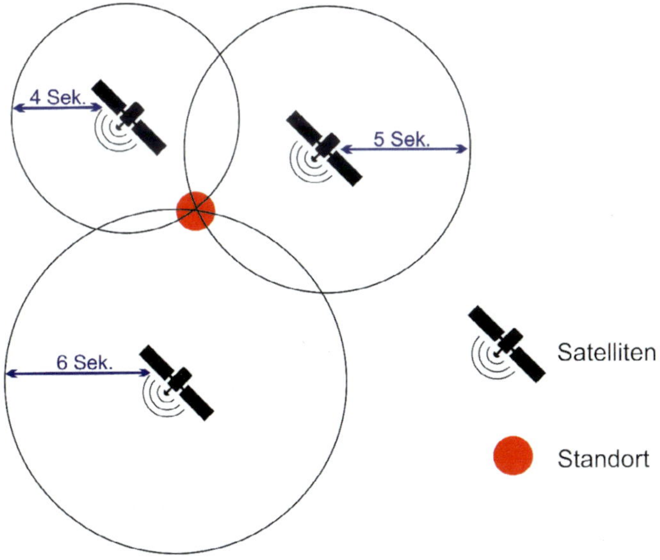

Der GPS-Empfänger

Ein GPS-Empfänger besteht im Wesentlichen aus einer Antenne sowie einem Empfängerchip, um die Satellitensignale zu erfassen und auszuwerten, und kann aus der Differenz zwischen der Sende- und Empfangszeit die Entfernung zum Satelliten berechnen.

Das Prinzip dahinter ist vergleichbar mit dem Vorgehen, um die Entfernung eines Gewitters abzuschätzen: Nachdem der Blitz über den Himmel gezuckt ist, zählt man die Sekunden, bis der Donner zu hören ist. Aus der Ausbreitungsgeschwindigkeit des Schalls von etwa 340 m/s ergibt sich somit bei einer Zeitspanne von rund 3 Sek. eine Entfernung von etwa 1 km.

Sobald ein GPS-Empfänger die Signale von mindestens drei unterschiedlichen Satelliten empfängt und deren jeweilige Entfernung kennt, ist eine 2D-Positionsbestimmung möglich. Die 2D-Bestimmung ist allerdings nicht besonders genau. Die Abweichung kann bis zu 100 m betragen. Eine Höhenangabe ist nicht möglich, weil der Empfänger für die Berechnung davon ausgehen muss, dass er sich direkt auf der Erdoberfläche befindet.

Für die exakte Positionsbestimmung inklusive der Höhe über der Erdoberfläche müssen daher die Signale von mindestens vier Satelliten erfasst werden (3D-Positionsbestimmung). Grundsätzlich gilt: Je mehr Satellitensignale empfangen

Im weitläufigen skandinavischen Fjäll mit freiem Blick zum Himmel sind die Bedingungen für den GPS-Empfang perfekt

werden, desto genauer ist die Koordinatenangabe des Standorts. Die Satellitenstatus-Seite (☞ Seite 46) Ihres Empfängers informiert Sie ganz genau über die Anzahl der empfangenen Satelliten und deren genaue Verteilung am Himmel.

Die Genauigkeit der Standortbestimmung

Unter guten Bedingungen erreichen GPS-Geräte eine Genauigkeit zwischen 10 und 15 m, in der Praxis ist die Abweichung oft sogar noch geringer. Das verwendete Modell spielt dabei praktisch keine Rolle, alle Empfänger vom Einsteiger- bis zum HighEnd-Modell liefern annähernd gleiche Ergebnisse bei der Bestimmung des aktuellen Standorts.

Die Genauigkeit der Positionsbestimmung wird dabei beeinträchtigt durch:

- die Zahl und Konstellation (= Verteilung) der Satelliten am Himmel sowie
- atmosphärische Effekte.

Neben der absoluten Anzahl an erfassten Satelliten wirkt sich auch deren Verteilung auf die Genauigkeit aus. Im Idealfall steht ein Satellit genau über dem Nutzer im Zenit und die übrigen verteilen sich gleichmäßig über den Himmel. Ungenauer wird es, wenn alle Satelliten nahe beieinanderliegen.

Der häufigste und gewichtigste Grund für ungenaue Positionsangaben ist die Abschattung der Satellitensignale. Die Radiowellen durchdringen zwar Wolken und Nebel, nicht aber feste Materie. Während größere Gebäude vor allem bei der GPS-Navigation in Städten ein Problem darstellen, kann der Empfang während einer Outdoortour in der freien Natur durch die geografischen Gegebenheiten vor Ort beeinträchtigt werden, z. B. in engen Schluchten oder tiefen Tälern. Auch unter dem dichten Laubdach eines Waldes können im ungünstigsten Fall nicht ausreichend Satellitensignale erfasst werden. Im Wald wird das Problem bei Regen verstärkt, wenn die Signale an den nassen Blättern und Nadeln reflektiert werden.

Während es mit älteren GPS-Geräte-Generationen unter den genannten Bedingungen durchaus zu „Aussetzern" kam und vorübergehend keine oder nur eine sehr ungenaue Standortbestimmung möglich war, sind Empfangsprobleme mit modernen Empfängern allerdings praktisch vernachlässigbar.

Die modernen GPS-Chips sind so empfindlich, dass die Positionsbestimmung im schlimmsten Fall etwas ungenauer wird. Dass die Position überhaupt nicht bestimmt werden kann, kommt dagegen nur noch in absoluten Ausnahmefällen vor. Meist reicht es schon, sich ein paar Schritte zu bewegen oder kurz abzuwarten, bis sich die Satellitenkonstellation am Himmel verbessert hat.

Neben der Abschattung der Satellitensignale sind auch atmosphärische Effekte für Fehler bei der Positionsbestimmung verantwortlich. Beim Eintritt in die Erdatmosphäre werden die Satellitensignale an den einzelnen Schichten der Atmosphäre gebrochen und abgebremst.

Die von den Satelliten ausgestrahlten Radiowellen breiten sich also nicht ganz mit Lichtgeschwindigkeit aus, sondern sind etwas langsamer. Daraus ergeben sich Abweichungen von über 100 m. Diese Fehler lassen sich aber sowohl durch Korrekturdaten, die zusammen mit dem Satellitensignal übermittelt werden, als auch durch zusätzliche Systeme (☞ WAAS bzw. EGNOS) auf ein Minimum reduzieren.

Etwa 1-5 m betragen die Abweichungen, die von der Signalreflexion an der Erdoberfläche (Multipath-Effekt) hervorgerufen werden. Statt sich geradlinig auszubreiten, werden die Satellitensignale an Haus- oder Felswänden reflektiert und sind deshalb entsprechend länger unterwegs. Die Reflexion der Signale an Gebäuden oder auf einer Lichtung im Wald kann durchaus erhebliche Positionsungenauigkeiten hervorrufen. Platzieren Sie sich daher für eine genaue Positionsbestimmung möglichst im Zentrum einer Lichtung oder der Mitte einer Häuserschlucht.

Eine Fehlerquelle auf Seiten des Empfängers ist der sogenannte Uhrenfehler. Für die Entfernungsbestimmung zum Satelliten muss die Signallaufzeit möglichst exakt gemessen werden und wenn die Uhren in Satellit und GPS-Empfänger nicht 100 % synchron laufen, kann daraus eine Abweichung von bis zu 2 m resultieren.

Selective Availability

In den ersten Jahren des GPS-Zeitalters hat das US-Militär die Signale für zivile Empfänger künstlich verfälscht und so die Genauigkeit der Positionsbestimmung auf maximal 100 m beschränkt.

Das ist zum Glück längst Vergangenheit, im Mai 2000 wurde die Selective Availability (S/A) abgeschaltet. Da sich GPS inzwischen zu einem wichtigen Wirtschaftsfaktor entwickelt hat, ist nicht davon auszugehen, dass die künstliche Signalverschlechterung dauerhaft wieder eingeschaltet wird. Im September 2007 hat die Regierung der USA beschlossen, bei der nächsten Generation der GPS-III-Satelliten ganz auf die S/A-Funktion zu verzichten.

Geht es etwas genauer? WAAS und EGNOS

Hinter den Kürzeln EGNOS (European Geostationary Navigation Overlay Service) und WAAS (Wide Area Augmentation System) stehen zwei Korrektursysteme zur Steigerung der Genauigkeit der Standortbestimmung mit GPS-Empfängern. Die

Im vollständigen Ausbau wird Galileo 30 Satelliten umfassen, Bildquelle: ESA-P. Carril, 💻 www.esa.int

übertragenen Korrekturdaten betreffen vor allem die Bahnen der GPS-Satelliten und die Verzögerung der GPS-Signale in der Atmosphäre. Sie werden von zusätzlichen Bodenstationen ermittelt und über geostationäre Satelliten (also Satelliten, die ihre Position zur Erde nicht ändern) übertragen.

WAAS und EGNOS sind untereinander kompatibel und werden standardmäßig von jedem aktuellen Outdoor-GPS-Empfänger verarbeitet. Die WAAS-Satelliten sind dabei für Nordamerika, die EGNOS-Satelliten für Europa zuständig, und die GPS-Empfänger wählen selbstständig das passende Korrektursystem aus.

WAAS und EGNOS sind aber in erster Linie für die Luftfahrt relevant und die geostationären Satelliten zur Übermittlung der Korrekturdaten stehen in Äquatornähe relativ niedrig über dem südlichen Horizont, sodass Ihr GPS-Gerät sie unter Umständen gar nicht „sehen" kann.

Für Outdooraktivitäten ist die Bedeutung und Steigerung der Genauigkeit in der Praxis eher gering. Um Strom zu sparen, können Sie die WAAS-/EGNOS-Korrektur daher auch deaktivieren.

Ausblick: Die Zukunft

Der erste GPS-Satellit wurde bereits 1978 ins All geschossen. Das NAVSTAR-GPS ist seit 1995 voll funktionsfähig und auch für zivile Nutzer verfügbar. Es wird von der US-Verwaltung kontinuierlich weiterentwickelt und die 31 im Orbit kreisenden Satelliten sind eine Mischung aus älteren und neuen Modellen.

Am 23. Dezember 2018 startete eine Falcon 9 Trägerrakete mit den ersten Satelliten vom Typ GPS III und bis 2026 sollen alle zehn Satelliten der neuen Generation im All sein, um die bisherige Konstellation, deren ältesten Satelliten aus der Zeit um die Jahrtausendwende stammen, zu modernisieren. Sie sind kompatibel zu anderen Systemen wie z.B. Galileo und da der zivile Code auf zwei zusätzlichen Frequenzen gesendet wird, werden Genauigkeit und Zuverlässigkeit des Empfangs auch unter schwierigen Bedingungen verbessert.

Das mit acht Jahren Verspätung von der EU-Kommission im Dezember 2016 gestartete europäische Konkurrenzsystem Galileo soll im finalen Stadium 24 aktive und 6 Reservesatelliten umfassen und steht anders als die militärisch kontrollierten Satellitennavigationssysteme GPS bzw. GLONASS unter ziviler Kontrolle.

Am 24. Januar 2023 wurden die Möglichkeiten durch einen neuen High Accuracy Service erweitert, der allen Nutzern kostenlos bereitsteht und mit entsprechend ausgestatteten Empfängern weltweit eine Genauigkeit bis auf wenige Zentimeter bei der Standortbestimmung ermöglicht.

Die unterschiedlichen globalen Satellitennavigationssysteme können nicht nur einzeln genutzt werden, sondern ergänzen sich untereinander. Aktuelle GPS-Empfänger sind in der Lage, parallel die Signale von GPS-, GLONASS- und Galileo-Satelliten zu empfangen, um aus deren Kombination den Standort auch unter schlechten Bedingungen sehr genau bestimmen zu können.

Wegweiser durch den Gerätedschungel von Garmin & Co

Am Anfang steht die Auswahl eines geeigneten GPS-Geräts. Dominiert wird der Markt vom Hersteller Garmin, denn angesichts der Konkurrenz durch das Smartphone (näheres zu dessen Tauglichkeit ☞ ab Seite 30) haben viele bekannte Hersteller wie Magellan, Falk, Teasi oder Satmap inzwischen die Segel gestrichen und die Herstellung und den Verkauf von GPS-Geräten eingestellt. Mit dem spanischen Anbieter TwoNav gibt es aber immer noch eine interessante Alternative und das breite Angebot an spezialisierten Outdoor-GPS-Handgeräten bietet für jede Tourenart das richtige Gerät.

In diesem Buch geht es dabei ausschließlich um Outdoor-GPS-Geräte zum Wandern oder Kanufahren sowie – ausgestattet mit einer entsprechenden Lenkerhalterung – fürs Fahrrad. Nicht berücksichtigt werden Armbanduhren mit GPS-Funktionen, Smartwatches oder spezielle Fahrradcomputer mit GPS-Funktion.

Die Preise für ein solches Handgerät rangieren zwischen ca. € 180 (z. B. Garmin eTrex SE) und etwa € 650 (z. B. Garmin GPSMAP 67i). Die wichtigsten Grundfunktionen sind bei allen Geräten vorhanden und die Genauigkeit der Standortbestimmung ist, zumindest bei freier Sicht zum Himmel, selbst bei günstigen Einsteigergeräten erfreulich hoch.

Der Preisunterschied begründet sich in erster Linie durch die hochwertigere Ausstattung in Form von hochauflösenden Displays, größerem internen Speicher, zusätzlichen Features wie elektronischem Kompass und barometrischem Höhenmesser sowie dem vorinstallierten Kartenmaterial und weiterreichenden Funktionen wie z. B. Auto-Routing, um selbstständig eine Strecke nach der gewünschten Aktivität entlang des Wegenetzes zu berechnen.

Welche Ausstattung ist sinnvoll?

Empfangsmodul/Chipsatz

Herzstück eines GPS-Geräts ist das Empfangsmodul. Es bestimmt zusammen mit der verbauten Antenne die Leistungsfähigkeit und Zuverlässigkeit des GPS-Empfangs bei der Positionsbestimmung.

Die wichtigsten Hersteller aktueller GPS-Chipsätze sind u. a. SiRF Technology, MediaTek, SkyTraq und Qualcomm. Oftmals ist es aber gar nicht möglich herauszufinden, welcher Navigations-Chip genau im GPS-Gerät verbaut ist. Blättert man z. B. in den technischen Daten eines Empfängers von Garmin, so findet man dort nur den Hinweis „hochempfindlicher GPS-Empfänger".

Ein wichtiges Kriterium für die Güte des GPS-Moduls ist die Anzahl der parallel verwendeten Empfangskanäle. Grundsätzlich werden zwar immer alle sichtbaren Satelliten bei der Positionsbestimmung berücksichtigt, geht allerdings der Kontakt zu einem Satelliten verloren (z. B. weil er durch ein Gebäude oder einen Baum verdeckt wird), so müssen Geräte mit weniger Kanälen erst umschalten und das Signal eines weiteren Satelliten verarbeiten.

Aktuelle GPS-Chips arbeiten mit bis zu 65 Kanälen. Das sind doppelt so viele, wie NAVSTAR-Satelliten um die Erde kreisen. Obwohl theoretisch ein Empfangskanal pro Satellit ausreicht, wird so die Empfangsleistung verbessert, da die vermeintlich überzähligen Kanäle dazu genutzt werden, um aus zwei schwachen Signalen ein genaueres Ergebnis zu berechnen.

Außerdem können neuere Chips zusätzlich auch die Signale des russischen GLONASS und/oder des europäischen Galileo-System empfangen. Die Kombination der unterschiedlichen Satellitensysteme spielt vor allem bei schwierigen Empfangsbedingungen eine Rolle.

Beim Garmin GPSMAP 64s ragt der Stummel der Quad-Helix-Antenne deutlich aus dem Gehäuse

Alle aktuellen GPS-Module sind selbst unter schwierigen Empfangsbedingungen wie z. B. unter einem dichten Blätterdach im Wald oder in einer engen Schlucht in der Lage, die Position zu bestimmen. Ein weiterer Vorteil moderner Chips ist ihre Schnelligkeit. Bei freier Sicht zum Himmel zeigen sie den aktuellen Standort schon wenige Sekunden nach dem Einschalten an.

Glücklicherweise verbauen praktisch alle Hersteller in ihren Geräten nur aktuelle Empfangsmodule und Sie brauchen selbst bei günstigen Geräten der Einsteigerklasse in dieser Hinsicht keine Abstriche zu machen. Vorsicht ist allerdings bei vermeintlichen Schnäppchen in Form eines älteren GPS-Empfängers und beim Gebrauchtkauf angeraten. Die älteren GPS-Generationen arbeiten deutlich langsamer und der Empfang ist spürbar schlechter.

Antenne

Der GPS-Chip kann natürlich nur die Signale verarbeiten, die bei ihm ankommen, und so spielt zusätzlich die Antenne eine wichtige Rolle. Je empfindlicher, desto besser, denn dann werden selbst schwache Signale registriert.

Grundsätzlich lassen sich zwei Antennenbauformen unterscheiden:

- **Patch- oder Flachantennen** sind fest in das Gehäuse integriert und von außen nicht sichtbar. Beispiele hierfür sind z. B. die aktuellen eTrex- oder älteren Oregon-Modelle von Garmin.

▷ Stabförmige **Helixantennen** sind außen am Gerät angebracht. Ein Beispiel ist z. B. das Garmin GPSMAP 64.

Beide Bauformen haben ihre Vor- und Nachteile und es gibt in der Praxis keinen wesentlichen Unterschied bei der Empfangsleistung. Während Patchantennen die Satelliten im Zenit (also die, die direkt über dem Gerät stehen) besser „sehen", können Helixantennen auch die Signale von Satelliten am Horizont verarbeiten. Der aus dem Gehäuse ragende Antennenstummel ist natürlich etwas anfälliger für Beschädigung, dafür kann man das Gerät in Grenzsituationen Richtung Satellit schwenken, um den Empfang zu verbessern. Für einen optimalen Empfang sollten GPS-Empfänger mit Patchantenne eher flach, Geräte mit Helixantenne dagegen eher aufrecht ausgerichtet werden.

Display

Monochrome Displays, wie sie praktisch nur noch in der Einsteigerklasse zu finden sind, z. B. beim eTrex SE von Garmin, arbeiten stromsparend und die kontrastreiche S/W- bzw. Graustufendarstellung in Verbindung mit einer zuschaltbaren Hintergrundbeleuchtung lässt sich selbst bei ungünstigen Lichtverhältnissen gut ablesen.

Bei Geräten mit Kartendarstellung führt aber kein Weg an einem Farbdisplay vorbei. Es sollte ausreichend groß sein und für ein brillantes Kartenbild über eine möglichst hohe Auflösung (d. h.: Anzahl an Bildpunkten) verfügen. Hier kommen LCDs (Abkürzung für Liquid Crystal Display) zum Einsatz, also Flüssigkristalle, deren Ausrichtung durch elektrische Impulse gesteuert wird. Problematisch ist der erhöhte Stromverbrauch, der noch dadurch gesteigert wird, dass in der Regel eine Hintergrundbeleuchtung zugeschaltet werden muss, damit auch bei hellem Sonnenschein etwas auf der Anzeige zu erkennen ist. Eine Weiterentwicklung sind transreflektive TFTs (Abkürzung für Thin Film Transistor), bei denen eine halb durchlässige Reflexionsfolie einen Teil der einfallenden Sonnenstrahlen als Lichtquelle für die Beleuchtung des Displays nutzbar macht. Kontrast und Brillanz der Kartendarstellung sind allerdings etwas schlechter.

Nehmen Sie ein GPS-Gerät vor dem Kauf unbedingt selbst in Augenschein, um zu prüfen, ob das Display den eigenen Ansprüchen und Sehgewohnheiten zusagt. Dabei sollten Sie das Gerät nach Möglichkeit nicht nur im Geschäft testen, sondern auch einmal mit vor die Tür nehmen und im hellen Sonnenschein ausprobieren, wie stark die Reflexionen stören und wie gut das Display bei direkter Sonneneinstrahlung ablesbar ist.

Touchscreen oder Tasten?

Touchscreen-Displays sind sehr komfortabel und machen die Bedienung eines GPS-Geräts ähnlich intuitiv wie bei einem Smartphone. Das zahlt sich insbesondere beim Eintippen von Buchstaben, z. B. bei der Benennung von Wegpunkten, oder Ziffern für die Koordinateneingabe aus. Nachteilig ist der erhöhte Energiebedarf und gerade bei Outdoorgeräten funktioniert die Bedienung per Fingertipp nicht immer ohne Probleme. Mein Garmin eTrex Touch 35 hat mich bei stärkeren Regen schon so manches Mal zur Verzweiflung gebracht, da Regentropfen selbstständig Aktionen auslösten und unbeabsichtigt einen Wegpunkt markierten oder sogar eine Routenberechnung nach Nirgendwo starteten. Das lässt sich zwar zur Not mit einer Displaysperre verhindern, wird der Regen aber zu stark, so sträubt sich das Display hartnäckig gegen Eingaben. Mangels physischer Tasten am Gehäuse wird das Gerät in solchen Situationen dann praktisch unbedienbar.

Die großen Tasten des GPSMAP 64s mit wohldefiniertem Druckpunkt erlauben selbst unter widrigen Bedingungen oder mit dicken Handschuhen eine zuverlässige Bedienung

Spätestens im Winter sind GPS-Empfänger mit (zusätzlichen und ausreichend groß dimensionierten) Tasten klar im Vorteil, denn sie lassen sich selbst mit dicken Handschuhen noch zuverlässig bedienen.

Entscheiden Sie sich für einen GPS-Empfänger mit Tastenbedienung, so achten Sie auf ausreichend Direktwahltasten für die wichtigsten Funktionen, wie z. B. das Abspeichern eines Wegpunkts oder das Ändern des Kartenmaßstabes zum Ein- und Auszoomen. Zusätzlich ist ein kleiner Joystick oder eine Kreuzwahltaste hilfreich, um schnell durch die Menüeinträge zu blättern, den Kartenausschnitt zu verschieben oder Buchstaben und Ziffern einzugeben.

Noch einmal zurück zum Thema Winter/Kälte: Bei starkem Frost von -15° C verblassen die Displays und reagieren deutlich langsamer. Sinkt die Temperatur noch weiter, können die Flüssigkristalle sogar einfrieren und dauerhaft beschädigt werden. Sobald es kalt wird (nicht erst, wenn es friert!), sollte der GPS-Empfänger daher stets nahe am Körper aufbewahrt werden, z. B. in einer Innentasche der Jacke, und nur kurz zu Navigationszwecken hervorgeholt werden. Das schont zugleich die Akkus oder Batterien, die bei niedrigen Temperaturen ebenfalls an Kapazität verlieren.

Interner Speicher/Speicherkartenslot

Beim Abspeichern von Wegpunkten, Routen und Tracks fallen nur verhältnismäßig geringe Datenmengen an und der interne Speicher aktueller GPS-Geräte ist in der Regel ausreichend groß bemessen und reicht problemlos für mehrtägige oder sogar wochenlange Touren.

Garmins Einsteiger-Modelle eTrex 22x/32x z. B. bieten ausreichend internen Speicherplatz für 2.000 Wegpunkte, 200 Routen und eine Trackaufzeichnung von bis zu 10.000 Punkten und 200 gespeicherte Tracks. Der jüngste Spross der bei Trekkern beliebte GPSMAP-Familie, das GPSMAP 67 hat einen internen Speicher von 16 GB. Genug Platz für 10.000 Wegpunkte, 250 Routen und 250 Tracks mit jeweils bis zu 20.000 Punkten.

Per Speicherkarteneinschub lässt sich ohne großen Aufwand zusätzliches Kartenmaterial nachrüsten

Anders sieht es in Sachen Kartenmaterial aus. Hier kommen, je nach Größe und Umfang der Karte, schnell große Datenmengen zustande und daher gilt wie bei Smartphones oder Computern auch für GPS-Geräte: Speicher kann man nie genug haben.

Will man nicht ständig mit GPS-Gerät und Computer jonglieren und alte Kartenausschnitte löschen und neue übertragen, muss der interne Speicher erweitert werden.

Praktisch alle besser ausgestatteten GPS-Geräte bieten daher einen Speicherkartensteckplatz für MicroSD-Karten, um einfach und kostengünstig zusätzliche Speicherkapazität bereitzustellen. Außerdem lässt sich so einfach durch das Einlegen einer anderen Speicherkarte das Kartenprodukt wechseln.

Moderne Geräte sind üblicherweise mit Karten mit einer Kapazität von maximal 32 GB kompatibel. Bei älteren Geräten liegt das Limit in der Regel darunter. Hier hilft ein Blick in die Bedienungsanleitung oder die technischen Daten des GPS-Empfängers weiter. Speicherkarten mit weniger als 4 GB sind zwar möglich, reichen aber unter Umständen nicht aus, um umfangreiche Karten vollständig aufzunehmen. Überprüfen Sie daher vor dem Kauf der Speicherkarte unbedingt die Systemanforderungen des gewünschten Kartenprodukts und greifen Sie zu einer Speicherkarte eines Markenherstellers wie SanDisk oder Kingston, um Inkompatibilitäten zu vermeiden.

Kommerzielle Kartenprodukte wie die TOPO Deutschland V9 pro von Garmin werden schon vorinstalliert auf einer Speicherkarte ausgeliefert. Das ist besonders praktisch, denn Sie können die Karte einfach ein- und dann sofort loslegen. Eine langwierige Installation via Computer ist nicht erforderlich.

Vorinstallierte Karten

Eine grundlegende, weltweite Basiskarte (Basemap) auf dem internen Datenspeicher gehört bei neueren GPS-Geräten zum Standard. Diese Übersichtskarte enthält die wichtigsten kartografischen Grundlagen wie Ländergrenzen, Küstenlinien, Gewässer, Hauptverkehrsstraßen, Flughäfen und Eisenbahnstrecken.

Das reicht für eine grobe Orientierung und um die Grundfunktionen zu nutzen, eignet sich aber aufgrund der starken Generalisierung und fehlender Details nicht für die Navigation beim Wandern, Paddeln, Radfahren oder Geocachen.

Mit Ausnahme des Einstiegsmodells eTrex SE ist auf den meisten Garmin-Geräten der aktuellen Generation bereits eine topografische Karte für Europa (TopoActive Europa) vorinstalliert. Sie ist mit Höhendaten ausgestattet und auf

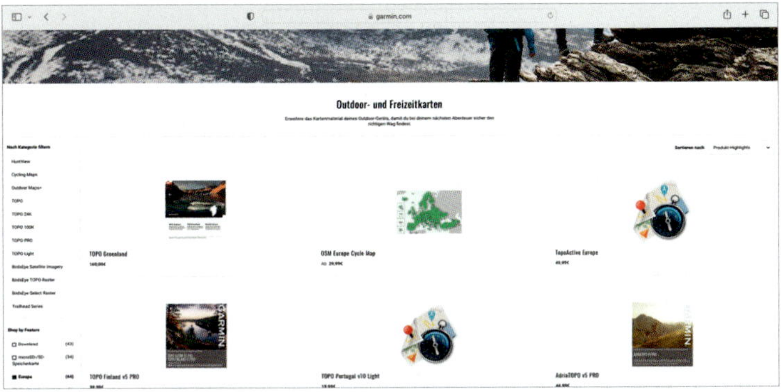

Für Garmin GPS-Empfänger steht eine große Kartenauswahl zur Verfügung. Neben den kommerziellen Produkten gibt es auch ein großes Angebot an freien Karten.

dem gesamten abgebildeten Wegenetz routingfähig. Das reicht in vielen Fällen schon für die typischen Outdooraktivitäten aus (insbesondere, wenn Sie einem Track oder einer Route folgen) und bei einer Trekking- oder Radtour in anderen europäischen Ländern entfällt der Wechsel der Speicherkarte.

Da die TopoActive-Europakarte von Garmin auf den Daten des OpenStreetMap-Projekts basiert, können Sie gleichwertiges Kartenmaterial ohne großen Aufwand auch auf älteren Garmin-Empfängern und den Geräten anderer Hersteller kostenlos und ohne großen Aufwand nachrüsten. Mehr dazu lesen Sie ☞ ab Seite 125.

Gehäuse/Wasserdichtigkeit

GPS-Geräte sind für den rauen Outdoorbetrieb gemacht und stecken so einiges weg. Das robuste Gehäuse aus schlagfestem Kunststoff liegt dank Gummiarmierung griffig in der Hand, übersteht zur Not aber auch einen Sturz auf den Boden.

Auch gegen Regen und Schnee sind die GPS-Empfänger gut geschützt. Als Maß für die Wasserdichtigkeit gelten die IPX-Schutzklassen von IPX 2 (Schutz gegen Tropfwasser) bis IPX 7. Die Mehrzahl der GPS-Outdoor-Handempfänger verfügt über die höchste Klasse IPX 7 und übersteht daher auch das zeitweilige Untertauchen für bis zu 30 Min. in maximal 1 m Wassertiefe unbeschadet. Das reicht für Wander- und Radtouren völlig aus und man kann die Geräte selbst bei starkem Regen ohne Bedenken nutzen.

☺ Gut zu wissen für Paddler: Wasserdicht bedeutet nicht gleichzeitig schwimmfähig, das sind die Outdoor-GPS-Geräte in der Regel nämlich im Gegensatz zu speziellen GPS-Geräten für den marinen Einsatz (z. B. Garmin GPS 72H oder GPSMAP 78) nicht. Das kann ich aus leidvoller Erfahrung bestätigen, seit ich vor einigen Jahren im Rahmen einer Kanutour einmal im Hafenbecken von Ueckermünde nach einem abgetauchten eTrex gesucht habe. Beim Einsatz auf dem Kajakdeck sollte das GPS-Gerät daher immer zusätzlich gesichert sein und/oder in einer zusätzlichen Schutzhülle aufbewahrt werden (z. B. www.aquapac.de).

Energieversorgung

Als Energielieferant kommen in den meisten Outdoorempfängern zwei Mignonzellen (AA) oder entsprechende Akkus zum Einsatz, einige Modelle (z. B. TwoNav Terra) verwenden auch einen z. T. fest eingebauten, nicht wechselbaren Lithium-Ionen-Akku. Mitunter gibt es auch ein duales System, bei dem wahlweise entweder AA-Batterien (bzw. Akkus) oder ein spezieller, leistungsstarker Akkupack (meist Lithium-Ionen) verwendet werden kann.

Im Dauerbetrieb erreichen die aktuelleren Geräte eine Laufzeit von etwa 15 bis 35 Std. Die in den technischen Daten der Hersteller angegeben Batterielaufzeiten sind aber nur ein grober Richtwert.

Wie lange der GPS-Empfänger in der Praxis wirklich durchhält, ist von vielen verschiedenen Faktoren abhängig. Insbesondere die häufige Benutzung der Hintergrundbeleuchtung des Displays, aber auch die Signaltöne und die Trackaufzeichnung gehen zu Lasten der Betriebsdauer und auch der verwendete Batterie- oder Akkutyp hat einen maßgeblichen Einfluss.

Bei moderaten Umgebungstemperaturen bieten Alkaline-(Alkali-Mangan)-Batterien ein gutes Preis-Leistungs-Verhältnis. Teurere Lithiumbatte-

Achten Sie darauf, im Gerätemenü den richtigen Batterietyp auszuwählen. Lithiumbatterien z. B. verlieren gegen Ende recht rasch an Kapazität. Haben Sie im Menü fälschlicherweise Alkaline-Batterien eingestellt, so warnt das Gerät nicht rechtzeitig vor schwachen Zellen und schaltet dann unvermittelt ab.

rien dagegen empfehlen sich insbesondere für energiehungrige GPS-Geräte mit hochauflösendem Farbdisplay und bei kalten Temperaturen unter 0° C, da sie bei Kälte weniger Kapazität verlieren.

Statt mit Batterien lassen sich die meisten Geräte auch mit entsprechenden Akkus betreiben. Besser geeignet als konventionelle Nickel-Metall-Hybrid-(NiMH)-Akkus, gerade auf längeren Touren, sind moderne Akkus mit geringer Selbstentladung (bekanntester Vertreter dieser Gattung sind Panasonic eneloop).

Ob Akkus oder Batterien die bessere Wahl sind, hängt natürlich auch von der Tourenart und -region ab. Bei Tageswanderungen vom Hotel aus oder einer Radtour von Pension zu Pension, also immer dann, wenn regelmäßig eine Steckdose zum Aufladen zur Verfügung steht, sind Akkus die kostengünstigere Lösung. Anders sieht es bei einem mehrtägigen Wildnistrip abseits des Stromnetzes aus. Hier benötigen Sie entsprechend viele Batterien oder ausreichend Akkus mit geringer Selbstentladung. Der Erfahrung nach sollten Sie als Richtwert mit einem Satz Batterien für zwei Tage kalkulieren.

Nicht vergessen: Separates Ladegerät erforderlich!
Ältere Garmin-Geräte sind in der Regel nicht mit einer integrierten Ladeelektronik ausgestattet. Über den USB-Anschluss lässt sich das Gerät zwar mit Strom versorgen, eingelegte Akkus werden dabei aber nicht aufgeladen. Eine Ausnahme sind Geräte, bei denen ein Akkupack zum Lieferumfang gehört (z. B. Montana-Serie) bzw. als optionales Zubehör erhältlich ist (z. B. Oregon-Serie). Hier lässt sich der Akkupack im Gerät aufladen (nicht aber eingelegte AA-Akkus).

Problematisch wird die durchgehende Energieversorgung auf längeren Touren ohne Nachlademöglichkeit bei GPS-Geräten mit fest verbautem Lithium-Ionen-Akku. Abhilfe schaffen hier sogenannte Powerbanks. Diese tragbaren Akkus werden vor der Tour aufgeladen und dienen als mobile Ladestation. Über die integrierte USB-Schnittstelle lassen sich unterwegs alle elektronischen Kleingeräte (neben dem GPS-Empfänger z. B. auch Kompaktkameras oder Smartphones) mit frischer Energie versorgen.

Stromsparfunktionen
Mit den richtigen Einstellungen im Menü lässt sich die Betriebszeit pro Batteriesatz bzw. Akkuladung signifikant erhöhen:

- ▷ Schalten Sie die Displaybeleuchtung nur bei Bedarf und stets nur so hell wie erforderlich ein.

- ▷ Aktivieren Sie die automatische Displayabschaltung.
- ▷ Nutzen Sie die Einstellung „Kartenausrichtung nach Norden". Das ständige Neuausrichten der Karte bei Orientierung in Bewegungsrichtung kostet viel Strom.
- ▷ Schalten Sie die Tastentöne ab.
- ▷ Deaktivieren Sie, sofern vorhanden, den WAAS/EGNOS-Empfang.
- ▷ Schalten Sie den elektronischen Kompass aus.
- ▷ Nutzen Sie nach Möglichkeit die Stromspareinstellungen im Menü.
- ▷ Die effizienteste Möglichkeit zum Stromsparen besteht darin, das GPS-Gerät nur bei Bedarf einzuschalten. Das funktioniert aber natürlich nur, wenn Sie keine durchgehende Trackaufzeichnung der zurückgelegten Strecke benötigen.
- ▷ Mit aktiver Trackaufzeichnung lässt sich durch eine Verlängerung des Intervalls der Stromverbrauch reduzieren.

Schnittstellen

Gründe für den Datenaustausch zwischen PC und GPS-Gerät gibt es viele. So findet der aus einem Tourenportal im Internet heruntergeladene Track oder eine bei der Tourenplanung auf einer digitalen Karte erzeugte Route den Weg auf das Handgerät, es kann neues Kartenmaterial auf dem internen Speicher oder der Speicherkarte im Empfänger installiert werden und last but not least ist von Zeit zu Zeit das neueste Software-Update für den GPS-Empfänger selbst einzuspielen.

Als Standard für den Anschluss an den Computer hat sich die USB-Schnittstelle durchgesetzt und mit einem entsprechenden USB-Kabel ist die Verbindung unkompliziert hergestellt.

Zunehmend an Bedeutung gewinnen drahtlose Verbindungsmöglichkeiten über Bluetooth und ANT+.

Per Bluetooth kann der GPS-Empfänger mit einem Smartphone gekoppelt werden. Über den Sinn oder Unsinn von Benachrichtigungen bei eingehenden SMS oder E-Mails auf dem GPS-Display lässt sich trefflich streiten und auch ob man den aktuellen Fortschritt seiner Wanderung per Live-Tracking in das Internet hinausposaunen möchte, muss jeder selbst entscheiden.

Ungemein praktisch ist dagegen die Möglichkeit zum drahtlosen Datenaustausch von Wegpunkten, Routen und Tracks mit Hilfe der Garmin Explore App. So lässt sich unterwegs mal schnell der benötigte Track per Smartphone aus einem Tourenportal im Internet herunterladen und auf den GPS-Empfänger schieben.

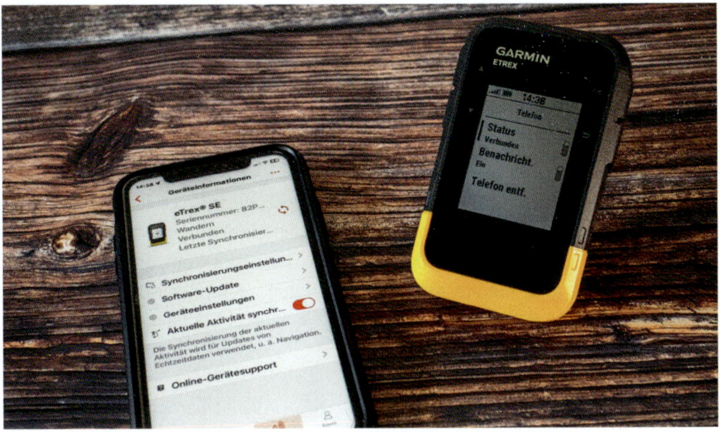

Inzwischen gehört die drahtlose Bluetooth Koppelung auch schon in der Einsteigerklasse zum Standard

ANT+ ist ein Kommunikationsstandard für die drahtlose Anbindung von Fitnesssensoren wie z. B. einem Herzfrequenzgürtel und daher in erster Linie für Trainingsfunktionen interessant. Er kann aber auch genutzt werden, um Tracks, Routen, Wegpunkte und Geocaches ohne Kabel direkt zwischen kompatiblen Garmin-Geräten zu übertragen.

Barometrischer Höhenmesser und elektronischer Kompass

Grundsätzlich liefert jeder GPS-Empfänger auch eine Höhenangabe zum aktuellen Standpunkt. Die Grundlage für die Berechnung bildet dabei die GPS-Messung und die Daten sind nicht immer exakt. Das gilt insbesondere bei schwierigen Empfangsbedingungen und es ergeben sich daraus entsprechende Ungenauigkeiten beim Aufsummieren der zurückgelegten Höhenmeter.

Verlässlichere Höhenangaben und damit erste Wahl für Touren im (Hoch-) Gebirge sind GPS-Geräte mit einem barometrischen Höhenmesser (u. a. eTrex 32x, GPSMAP 64sx, GPSMAP 65s), die anhand einer Luftdruckmessung die aktuelle Höhe berechnen. Neben der exakten Höhenangabe bietet der Höhenmesser außerdem die Möglichkeit, ihn beim stationären Einsatz als Barometer zur Wettervorhersage zu nutzen.

Bei den besser ausgestatteten GPS-Empfängern ist außerdem ein elektronischer Kompass mit an Bord. Sein großer Vorteil liegt darin, dass die Himmelsrichtungen anhand des Erdmagnetfelds ermittelt werden und daher auch bei Stillstand angezeigt werden können. Im reinem GPS-Betrieb dagegen muss die Richtung anhand der Satellitensignale bestimmt werden, was nur bei Bewegung funktioniert. Aus dem Stand muss man daher bei einem Gerät ohne elektronischen Kompass zunächst ein paar Schritte „auf Verdacht" loslaufen, bevor die Himmelsrichtungen ermittelt sind und die Karte korrekt ausgerichtet angezeigt wird.

In aktuellen Geräten sind praktisch immer 3-Achsen-Kompasse verbaut, die unabhängig von der Geräteausrichtung arbeiten. Ältere Modelle mit einem 2-Achsen-Kompass dagegen müssen absolut waagerecht gehalten werden, damit der elektronische Kompass funktioniert.

Per Karabinerclip lässt sich das GPS-Gerät sicher am Rucksack befestigen und ist für die Navigation schnell zur Hand

☺ Damit barometrischer Höhenmesser und elektronischer Kompass einwandfrei funktionieren, ist eine regelmäßige Kalibrierung erforderlich (z. B. nach Batteriewechsel, Temperaturveränderungen oder dem Zurücklegen einer langen Strecke oder wenn das Gerät längere Zeit ausgeschaltet war).

Sinnvolles Zubehör

Die wichtigste Zusatzausstattung als Ergänzung zum GPS-Gerät ist ohne Frage eine ausreichende Menge an Ersatzbatterien bzw. -akkus (☞ Energieversorgung, Seite 24). Darüber hinaus gibt es das ein oder andere Helferlein, das je nach Aktivität die Zuverlässigkeit und den Bedienkomfort des GPS-Geräts erhöht.

Bei aktuellen GPS-Modellen mit leistungsfähigem Chipsatz ist der Empfang so gut, dass externe **Außenantennen** bei Outdooraktivitäten kein Thema mehr sind. Bei Geräten älterer Bauart, die mit einer Antennenbuchse ausgestattet sind, kann sich eine Antenne zur Steigerung der Empfangsqualität durchaus auszahlen, z. B. um die Genauigkeit der Trackaufzeichnung zu erhöhen. Eine passive Antenne (ab ca. € 30), die außen am Rucksack platziert wird und das empfangene Signal an den GPS-Empfänger per Kabel weiterleitet, reicht völlig. Es gibt auch aktive Antennen, die das aufgefangene Signal verstärken, allerdings steigt dadurch der Stromverbrauch.

Einige der wenigen GPS-Empfänger im aktuellen Garmin-Sortiment, die überhaupt noch eine Anschlussbuchse für eine externe Antenne mitbringen, sind u. a. Garmin GPSMAP 64sx und Montana 750i. Es gibt in der Praxis zwei Einsatzbereiche, in denen eine Zusatzantenne sinnvoll sein kann: zum einen, um den GPS-Empfang beim Einsatz im Fahrzeuginneren zu verbessern (die Antenne wird mit einer Magnethalterung auf dem Autodach befestigt), zum anderen bei Extrembedingungen im Winter, wenn das Gerät zum Kälteschutz unter der Kleidung am Körper getragen werden muss (die Antenne wird außen am Rucksack befestigt).

Für Wanderungen oder Trekkingtouren reicht ein einfacher **Karabinerclip** (z. T. bei Garmin bereits im Lieferumfang enthalten) völlig aus. Er wird in die entsprechende Aufnahme auf der Rückseite des Batteriefachdeckels geschoben und per Karabiner kann man den GPS-Empfänger mit einem einfachen Handgriff sicher an einem Gürtel oder einer Schlaufe befestigen und ebenso leicht wieder entfernen.

Soll die zurückgelegte Strecke kontinuierlich aufgezeichnet werden, befestigt man das GPS-Gerät für den bestmöglichen Empfang vorzugsweise am Schultergurt des Rucksacks. Weniger gut geeignet ist eine Trageposition am Hüftgurt oder in einer **Gürteltasche**, wo die Satellitensignale u. U. vom Körper abgeschattet werden. Dafür hat man es für Navigationszwecke rasch zur Hand.

Für praktisch jedes GPS-Modell gibt es zumindest eine **Fahrradhalterung** zur sicheren Befestigung des Empfängers am Lenker. Das Spektrum reicht dabei von simplen Plastikhalterungen (ab ca. € 10), die einfach per Kabelbinder am Lenkerrohr befestigt werden, bis zu ausgeklügelten, fest verschraubten Hightechprodukten, die eine variable Neigung des Geräts erlauben, um eine optimale Ablesbarkeit des Displays aus dem Sattel zu gewährleisten. Zusätzlich zum Originalzubehör der GPS-Hersteller gibt es Modelle von weiteren Firmen (z. B. Universal Bike Mount von SP Connect, 💻 https://sp-connect.de, oder RAM Mounts, 💻 www.rammount.com), die sich auf Gerätehalterungen spezialisiert haben und nicht nur Fahrradhalterungen, sondern eine passende Befestigungslösung für nahezu jedes Gefährt vom Kfz über Fallschirm bis hin zum Schneemobil im Programm haben.

Taugt das Smartphone als GPS-Ersatz?

Sie besitzen ein Smartphone und fragen sich, ob Sie überhaupt einen separaten GPS-Empfänger benötigen? Eine durchaus berechtige Frage, verfügt doch praktisch jedes Smartphone serienmäßig über einen GPS-Chip. In der Tat sind Smartphones durchaus gut dazu geeignet, um beim Wandern oder Fahrradfahren zuverlässig ans Ziel zu führen. Entsprechende Outdoor-Navigations-Apps sind entweder kostenlos oder für wenige Euro erhältlich. Das benötigte Kartenmaterial lässt sich in der Regel vor der Tour herunterladen und funktioniert dann auch offline, sodass Sie unterwegs nicht auf eine Mobilfunkverbindung angewiesen sind.

Outdoor-Navigations-Apps für das Smartphone

Apps, die das Smartphone zum Outdoornavi aufrüsten, gibt es wie Sand am Meer. Die Bandbreite reicht vom einfachen GPS-Tracker bis hin zu Programmen, die das Smartphone zum vollwertigen GPS-Empfänger machen. Nachfolgend finden Sie fünf Empfehlungen für Karten-Apps, die sich bei Outdoorunternehmungen bewährt haben. Weder die Apps noch das Kartenmaterial sind umsonst (abgesehen von Organicmaps und Mapy.cz), dafür bekommt man qualitativ hochwertige topografische Karten, die man auf das Smartphone herunterladen und auch offline nutzen kann – ein entscheidendes Feature für Touren im außereuropäischen Ausland oder Funkloch.

Komoot (iOS/Android, www.komoot.de)

Das Tourenportal Komoot umfasst unzählige Tourenvorschlägen für Wanderungen und Radtouren, die sich u.a. nach Sportart, Dauer oder Startpunkt filtern lassen. Eine Suche nach bestimmten Wanderwegen ist aber leider nicht möglich. Das Kartenmaterial kostet einzeln pro Regionen ca. € 4, das Welt-Paket für einmalig knapp € 30 schaltet alle Regionen weltweit frei. Alternativ gibt es auch Jahresabos.

ape@map Outdoor-Navigation (iOS/Android, www.apemap.com)

Handy-Outdoornavi, das per In-App-Kauf mit verschiedenen topografischen Wanderkarten ausgestattet werden kann und dann auch ohne Mobilfunknetz funktioniert. ape@map ist auch in einer kostenlosen Standardversion mit eingeschränktem Funktionsumfang erhältlich.

Organic Maps Offline Karten (iOS/Android, https://organicmaps.app/de/)
Umfangreiche Navigationslösung auf der Basis von OSM-Karten mit Routenoptionen für Fußgänger und einer Turn-by-Turn-Navigation für Radtouren. Dank leistungsfähigem Offline-Modus lässt sich unterwegs Datenvolumen sparen und man bleibt auch im Funkloch nicht auf der Strecke. Obwohl die Open-Source-App komplett kostenlos ist, ist weder eine Anmeldung für deren Nutzung erforderlich, noch wird nervige Werbung eingeblendet.

Mapy.cz navigation & maps (iOS/Android, https://de.mapy.cz)
Mapy.cz bietet zum Nulltarif eine leistungsstarke Kombination aus Online-Planungsportal und Smartphone-App. Das OSM-Kartenmaterial lässt sich für die Offline-Nutzung herunterladen und die Tourenplanung gelingt sehr intuitiv, inklusive einer Funktion, um sich eine Wanderung von gewünschter Länge rund um den aktuellen Standort vorschlagen zu lassen. Eine Möglichkeit zum Aufzeichnen der eigenen Tour ist ebenfalls mit an Bord und anschließend kann man sich die zurückgelegte Strecke und weitere Details auf der Website anzeigen lassen.

OsmAnd Maps Reise & Navigation (iOS/Android, https://osmand.net/)
Leistungsstarke Open Source Navigations-Anwendung auf Basis von OSM-Karten mit offline Navigationsfunktion für Auto-, Fahrrad- oder Fußgänger-Routing und der Möglichkeit zum Import von GPX-Tracks. Die kostenlose Version ist auf den Download weniger Karten beschränkt, eine Aufhebung des Kartenlimits und weitere Funktionen gibt es mit dem Tarif Maps+ für ca. € 10/Jahr als In-App-Kauf.

Trotzdem gibt es einige schwerwiegende Einschränkungen. Smartphones sind in den meisten Fällen sehr viel empfindlicher gegen Wasser und Schmutz. Einen Strich durch die Rechnung macht aber vor allem die kurze Laufzeit, denn im GPS-Dauerbetrieb ist der Akku schnell erschöpft. Schon ausgedehnte Tagestouren werden zum Problem und das Display bleibt schneller schwarz, als einem lieb ist. Smartphones bieten sich mit den genannten Apps zum Hineinschnuppern in die GPS-Welt und für den sporadischen Einsatz bei (kurzen) Tageswanderungen an. Ein vollwertiger Ersatz für einen GPS-Empfänger sind sie nicht. Das gilt erst recht, wenn Sie abseits der ausgetretenen Pfade und fernab der Zivilisation auf Trekkingtour gehen.

Aktuelle Outdoor-GPS-Geräte in der Übersicht

Bei der großen Auswahl an GPS-Geräten ist es schwer, den Überblick zu behalten. Die folgenden Seiten stellen Ihnen verschiedene Modelle der beiden wichtigsten verbliebenen Hersteller näher vor. Die Liste erhebt dabei keinen Anspruch auf Vollständigkeit, denn dazu ist der Markt einfach zu schnelllebig.

Um Ihnen die Kaufentscheidung für ein geeignetes GPS-Gerät zu erleichtern, habe ich versucht, die jeweilige Charakteristik und Besonderheiten der einzelnen Modelle herauszustellen. Auf die detaillierte Aufzählung der technischen Daten und Ausstattungsmerkmale habe ich dagegen verzichtet, bei Interesse finden Sie die Angaben in übersichtlicher Form auf der Website des jeweiligen Herstellers. Die Links dorthin sind jeweils in der Überschrift aufgeführt.

Sie wollen wissen, welches das *beste* Outdoor-GPS-Gerät ist? Tja, diese Frage lässt sich ebenso wenig beantworten wie die Frage nach dem *besten* Zelt oder den *besten* Wanderstiefeln. Wie immer in solchen Fällen sollten Sie sich daher genau überlegen, für welchen Einsatzzweck Sie das Gerät brauchen, welche Features Sie wirklich benötigen und wie hoch Ihr Budget ist:

- Legen Sie Wert auf ein besonders großes Display, dann sollten Sie sich das TwoNav Aventura 2 Plus mit 3,7"-Display oder die Garmin-Montana-Serie mit 5"-Zoll-Display näher ansehen.
- Liegt die Budgetgrenze bei € 200, dann kommt das einfache Einsteigermodell Garmin eTrex SE mit monochromen Display in Frage.
- Ziehen Sie die Tastenbedienung einem Touchscreen vor, so sind die Geräte aus Garmin-GPSMAP-Serie eine gute Wahl.
- Für längere Wildnistouren brauchen Sie unbedingt ein Gerät mit langer Laufzeit. Spitzenmäßig (nicht nur) in dieser Hinsicht ist Garmins Outdoor-Primus GPSMAP 67. Es verfügt zwar nicht über eine Energieversorgung mit Standard-Akkus/Batterien im AA-Mignon-Format, aber der interne Akku ermöglicht eine Laufzeit von bis zu 180 Stunden im GPS-Betrieb.

Als solides Einsteigermodell gilt das Garmin eTrex SE, Bildquelle: Garmin Deutschland GmbH

Garmin (💻 www.garmin.de)

Der unangefochtene Marktführer Garmin bietet eine große Modellvielfalt, was die Auswahl nicht unbedingt leichter macht. Die Produktpalette ist aber fein abgestuft, sodass sich für jede Aktivität und jedes Budget ein passender GPS-Empfänger finden lässt.

Allen Geräten gemein ist die durchdachte Menüführung, die die Bedienung erleichtert, und ein Betrieb mit AA-Batterien oder einem ausdauernden integrierten Akku, sodass sich eine durchgehende Energieversorgung selbst auf mehrtägigen Trekkingtouren gut realisieren lässt. Mit Ausnahme des eTrex SE verfügen alle Garmins über einen Kartensteckplatz, über den das umfangreiche Kartenangebot genutzt werden kann.

Eine besonders lange Laufzeit verspricht das Modell GPSMAP 67, Bildquelle: Garmin Deutschland GmbH

Den Start in die Garmin-Welt ebnet das **eTrex SE** (ca. € 180). Das solide Einsteigermodell beschränkt sich auf das Wesentliche, deckt aber alle Grundfunktionen ab. Die Kartendarstellung auf dem monochromen 2,2"-Display beschränkt sich auf die fest installierte Basiskarte, eine Möglichkeit, zusätzliche Karten hinzuzufügen, gibt es nicht. Dafür ist die Laufzeit mit bis zu 168 Std. spitze.

Ebenfalls eine Diagonale von 2,2" weist das Display des **eTrex 22x** (ca. € 230) auf. Es bietet eine Farbdarstellung und bringt eine vorinstallierte topografische Europakarte mit. Für € 50 Aufpreis bekommt man beim **eTrex 32x** zusätzlich einen Höhenmesser sowie einen elektronischen Kompass.

Die Bezeichnung GPSMAP kennzeichnet seit fast 20 Jahren Garmins robuste und zuverlässige Outdoor-Handgeräte mit Tastenbedienung und dem charakteristischen Stummel der Quad-Helixantenne. Im aktuellen Lieferprogramm finden sich vier Modellgenerationen als Nachfolger des bereits 2003 auf den Markt gebrachten legendären Urahnen GPSMAP 60C.

Das **GPSMAP 64x** (ca. € 300) ist mit einem 2,6" großem transreflektiven Farbdisplay und einem Multi-GNSS für GPS, GLONASS und Galileo ausgestattet. Das umfangreicher ausgestattete **GPSMAP 64sx** (ca. € 350) hat zusätzlich einen elektronischen Kompass, ein Barometer sowie eine ANT+-Schnittstelle und Bluetooth-Modul an Bord.

Die weiterentwickelten **GPSMAP 65** (ca. € 400) bzw. **GPSMAP 65s** (ca. € 450) verfügen zusätzlich über einen Multibandempfänger, um durch den Empfang von zwei Frequenzen die Genauigkeit zu verbessern, sowie einem auf 16 GB vergrößertern internen Speicher und eine vorinstallierte TopoActive Europe Karte. Das **GPSMAP 66st** (ca. € 450) ist mit einem 3"großen Display und vorinstallierte Garmin Topo Active Karte von Europa ausgestattet und versteht sich auf den Empfang von GPS-, GLONASS und Galileo, wobei immer nur zwei Systeme gleichzeitig genutzt werden können.

Im März 2023 spendierte Garmin der Geräte-Serie mit dem **GPSMAP 67** (ca. € 550) ein kleines Update mit hochpräzisem Multi-Frequenz-Chipsatz und schneller USB-C Schnittstelle. Statt wechselbarer AA-Akkus ist nun ein Lithium-Ionen-Akku fest verbaut, der laut Garmin aber eine enorme Laufzeit von bis zu 180 Stunden im GPS-Modus ermöglichen soll. Im stromsparenden Expeditionsmodus kommt das Gerät sogar länger als einen Monat (840 Stunden laut Herstellerangabe) ohne Nachladen an der Steckdose aus. Als Ergänzung zu der vorinstallierten TopoActive-Europakarte können qualitativ hochwertige Satellitenbilder heruntergeladen werden.

Ein großes 5 Zoll Display bietet z. B. das Montana 700i, Bildquelle: Garmin Deutschland GmbH

Ganz großes Kino bieten die drei Modelle der Montana-Serie (**Montana 700/700i/750i,** ca. € 650/€ 750/€ 850) mit einem 5"-Display. Als reines Trekkingnavi sind die Geräte zwar etwas klobig, eignen sich aber hervorragend als top ausgestattete Allrounder zum Wandern und Radfahren.

Nach der Übernahme der Firma DeLorme hatte Garmin im Frühjahr 2017 die ersten beiden Geräte der inReach-Serie vorgestellt, mit denen unabhängig vom Mobilfunknetz über das globale Iridium-Satellitennetzwerk SMS oder E-Mails versendet und empfangen werden können. Mit der SOS-Notruffunktion wird automatisch die aktuelle Position an das GEOS-Notrufzentrum übermittelt, um einen Rettungseinsatz in die Wege zu leiten. Inzwischen wird die inReach-Technologie als Option bei den Geräten GPSMAP 66, 67 und Montana (zu erkennen am „i" in der Modellbezeichnung) angeboten. Der Zwei-Wege-

Nachrichtenversand über das Iridium-Satellitennetzwerk setzt ein kostenpflichtiges Abo voraus.

TwoNav (💻 www.twonav.com/de/)

Das Cross Plus (ca. € 340) ist das kompakteste Gerät des spanischen GPS-Spezialisten TwoNav und mit einem Gewicht von nur rund 170 g ideal für Trekkingtouren. Dazu passt auch die ausdauernde Laufzeit von bis zu 20 Stunden. Quasi der große Bruder ist das TwoNav Terra (ca. € 400) mit einem 480 x 640 Pixeln auflösendem 3,7-Zoll-Touchscreen. TwoNavs Spitzenmodell Aventura 2 Plus (ca. € 500) macht seinem Namen alle Ehre und bringt mit seinem herausnehmbaren 6.000 mAh Akku ideale Voraussetzungen als ausdauernder Begleiter für Trekkingtouren mit. Die Bedienung erfolgt per Joystick sowie vier Touch-Tasten unter dem Display und seitlichen Tasten. Alle TwoNav-Geräte sind für die schnelle Datenübertragung mit 5-GHz Wi-Fi ausgestattet. Zusätzlich zur weltweiten OSM-Karte gehören detaillierte, offizielle topographische Karten des Bundesamtes für Kartographie und Geodäsie (Topo 1:25:000 für eine Region sowie Topo 1:100.000 und 1:500.000 für ganz Deutschland) zum Lieferumfang.

Als Allround-Gerät mit großem Display eignet sich das TwoNav Terra für eine Vielzahl an Outdoor-Aktivitäten

GPS-Praxis I: Der Einstieg

Die grundlegende Handhabung

Die Bedienung eines GPS-Geräts unterscheidet sich naturgemäß von Hersteller zu Hersteller. Selbst bei den verschiedenen Modellen eines Herstellers gibt es Nuancen in der jeweiligen Handhabung, ja mitunter führt sogar ein Software-Update bei ein und demselben Modell zu einer (geringfügigen) Änderung im Menüaufbau.

Um den Einstieg im Umgang mit dem neuen GPS-Empfänger zu erleichtern, zeige ich Ihnen im Folgenden die grundlegende Bedienung eines TwoNav Terra als Beispiel für ein Touchscreen-Gerät sowie des Garmin GPSMAP 65s als Vertreter eines Geräts mit Tastenbedienung. Die einzelnen Handgriffe sind nicht 1:1 auf andere GPS-Empfänger übertragbar, in ähnlicher Form aber selbst bei den anderen Modellen der Hersteller zu finden.

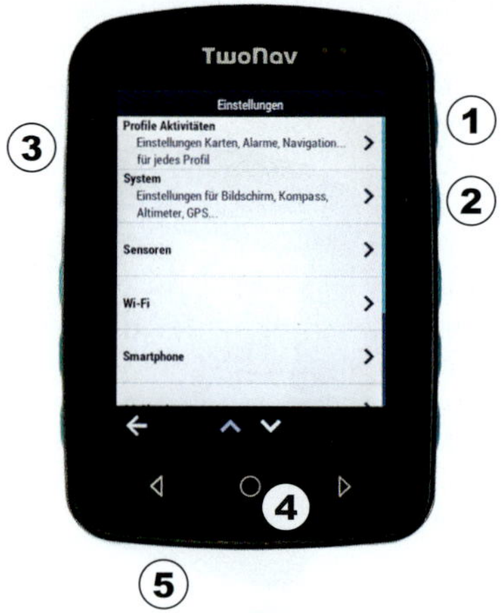

Übersicht TwoNav Terra

1 Power-Taste (Langer Druck: Ein-/Ausschalten des Geräts, kurzer Druck: Bildschirmabschaltung und Tastensperre)
2 Zurück-Taste, um in Menüs zurückzunavigieren sowie die Karte neu zu zentrieren.
3 Zoom-Tasten zum Vergrößern/Verkleinern der Karte
4 Vorherige/OK/Nächste-Taste, um durch die Datenseiten zu blättern
5 USB-C Schnittstelle (unter der Schutzkappe) zum Aufladen des internen Akkus und zum Datenaustausch mit einem Computer

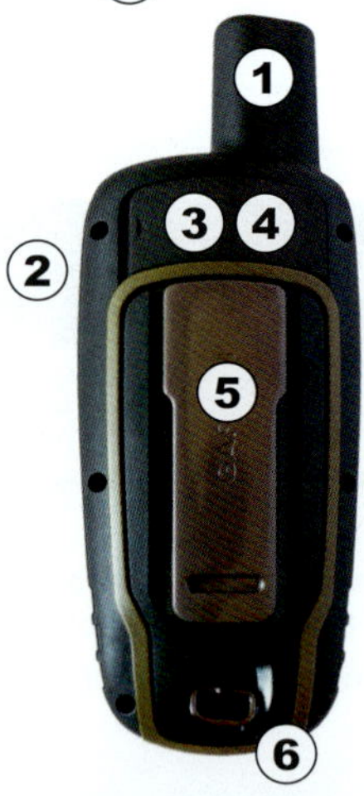

Rückansicht des GPSMAP 65s

Übersicht GPSMAP 65s

1 GPS-/GLONASS-Antenne
2 Einschalttaste
3 Mini-USB-Anschluss (unter der Schutzkappe)
4 MCX-Anschluss für externe Antenne (unter der Schutzkappe)
5 microSD-Kartensteckplatz (unter den Batterien)
6 D-Ring zur Verriegelung der Batteriefachabdeckung

Tastenfeld des GPSMAP 65s (Frontansicht, Detail)

1 Pfeiltaste zum Markieren der Menüoptionen und zum Verschieben des Cursors auf der Karte
2 Page-Taste zum Durchblättern der Hauptseiten
3 Menu-Taste zum Aufrufen des Untermenüs mit Optionen für die aktuelle Seite. Zweimaliges Drücken ruft das Hauptmenü auf.
4 Enter-Taste zum Auswählen der ausgewählten Option sowie zum Bestätigen von Bildschirmmeldungen
5 Quit-Taste zum Abbruch des aktuellen Vorgangs (führt auch zurück zum vorherigen Menü bzw. der vorangegangenen Seite)
6 Mark-Taste zum Speichern der aktuellen Position als Wegpunkt
7 Find-Taste zum Öffnen der Zielwahl, um eine Navigation zu starten
8 In-Taste zum Vergrößern der Kartenansicht
9 Out-Taste zum Verkleinern der Kartenansicht

Die ersten Schritte

Beim Auspacken des neuen GPS-Empfängers sollten Sie zunächst kontrollieren, ob alles vollständig ist und z. B. das USB-Kabel und eventuell Halterungen dabei sind. Mit Ausnahme von Modellen mit internem Akku oder speziellem Akkupack gehören die benötigten AA-Batterien oder Akkus (☞ Energieversorgung, Seite 24) in der Regel nicht zum Lieferumfang und müssen separat erworben werden.

Aufladen des Akkus/Einlegen der Batterien

1 Das **TwoNav Terra** ist mit einem internen Akku ausgestattet. Zum Aufladen verbinden Sie das Kabel aus dem Lieferumfang mit der USB-C-Schnittstellen unter der Gummiabdeckung an der Geräteunterseite und schließen es an ein Ladegerät mit mindestens 2A an (z. B. vom Handy).
Das Batteriefach des **GPSMAP 65s** finden Sie auf der Geräterückseite. Klappen Sie den D-Ring der Batteriefachabdeckung nach oben und drehen Sie ihn um 90° gegen den Uhrzeigersinn.

2 Ziehen Sie den Ring nach oben, um die Abdeckung zu entfernen.

3 Legen Sie zwei AA-Batterien (optional einen kompatiblen, separat erhältlichen Akkupack) ein und beachten Sie dabei die Abbildung am unteren Ende des Batteriefachs zur korrekten Ausrichtung der Pole.

4 Setzen Sie die Rückwand wieder auf, drehen Sie den D-Ring um 90° im Uhrzeigersinn zurück und klappen Sie ihn wieder an, sodass er flach in der Vertiefung verschwindet.

Das erste Einschalten des Geräts

Jetzt kann es losgehen:

1 Halten Sie den Ein-/Aus-Schalter (sowohl bei TwoNav wie auch Garmin-Geräten seitlich an der rechten Gehäusekante zu finden) gedrückt, bis sich das Gerät eingeschaltet hat.

2 Beim ersten Start des GPS-Geräts werden Sie in der Regel zur Auswahl der Sprache aufgefordert.

▷ **TwoNav Terra:** Streichen Sie mit dem Finger nach oben bzw. unten, um durch das Menü mit den verfügbaren Sprachen zu blättern und wählen Sie mit einem Fingertipp den Eintrag *Deutsch* aus.

▷ **GPSMAP 65s:** Wählen Sie mit der Hoch/Runter-Pfeiltaste den Eintrag *Deutsch* und drücken Sie die Enter-Taste.

3 Als nächstes fordert das TwoNav Terra dazu auf, das WLAN zu konfigurieren. Geben Sie die Zugangsdaten ihres drahtlosen Netzwerks zu Hause ein oder wählen Sie „Jetzt nicht, Danke", um den Schritt zu überspringen. Anschließend muss der Kompass kalibriert werden. Wählen Sie OK und folgen Sie den Anweisungen auf dem Bildschirm.

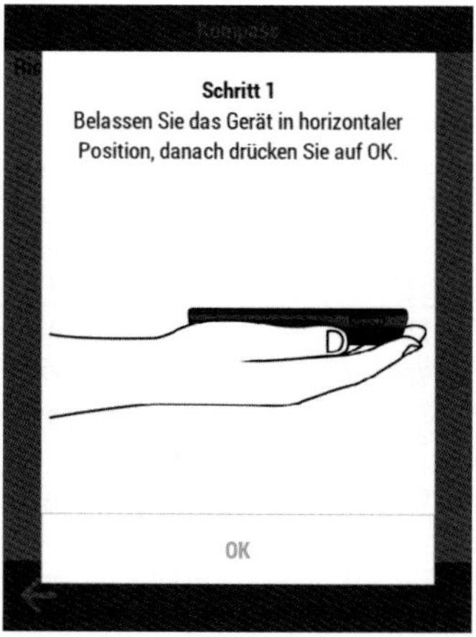

Beim Einrichten des TwoNav Terra muss der Kompass kalibriert werden. Dabei unterstützt Sie ein Bildschirm-Assistent.

4 Im Anschluss sehen Sie auf dem Display die Kartenansicht. Um das GPS-Gerät für die Standortbestimmung oder Navigation nutzen zu können, müssen zunächst ausreichend Satellitensignale erfasst werden. Gehen Sie dazu mit dem Empfänger vor die Tür nach draußen und suchen Sie sich einen Standort mit freier Sicht zum Himmel. Nach dem ersten Einschalten dauert die erste Erfassung mit aktuellen Empfängern etwa 30 bis 60 Sek., bei schlechten Empfangsbedingungen eventuell auch länger. Solange noch nicht ausreichend Satellitensignale zur Verfügung stehen, wird über dem Positionspfeil auf der Kartenansicht ein Fragezeichen eingeblendet. Zusätzlich wird beim GPSMAP 65s die Empfangsstärke des GPS- (und je nach Einstellung zusätzlich GLONASS-) Signals in Form von fünf Balken – wie von der Anzeige des Mobilfunknetzes beim Handy gewohnt – symbolisiert. Drücken Sie die seitliche Ein-/Aus-Taste, um die Status-Seite zu öffnen. Leuchten die Balken unten rechts grün, hat der Empfänger genug Satellitensignale erfasst und ist navigationsbereit. Beim TwoNav Terra erkennen Sie die fehlende Empfangsbereitschaft am blinkenden Satellitensymbol in der Statuszeile am oberen Bildschirmrand.

Um die aktuelle Position zu ermitteln, braucht der GPS-Empfänger eine freie Sicht zum Himmel

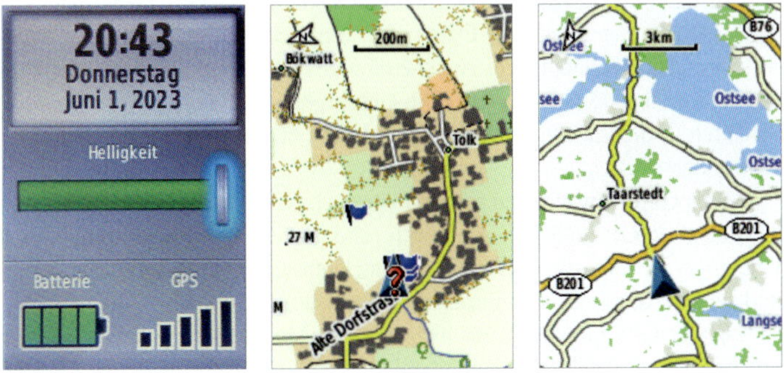

Sobald sich die Empfangsbalken grün färben und ausreichend Satellitensignale erfasst sind, wird der Standort angezeigt

5 Sobald die Positionsbestimmung erfolgreich war, erlischt das Fragezeichen über dem blauen (Garmin) bzw. roten (TwoNav) Positionspfeil. Beim Twonav Terra wechselt das Satellitensymbol in der Statuszeile am oberen Bildschirmrand dauerhaft auf blau. Detaillierte Angaben zur Zahl der empfangenen Satelliten und zur Genauigkeit der Standortbestimmung finden Sie bei beiden Geräten auf der Satellitenstatus-Seite (☞ Seite 46).

Kalt- und Warmstart

Die Dauer bis zur vollständigen Erfassung des Satellitensignals hängt davon ab, wie lange der Empfänger zuvor ausgeschaltet war. Um die Signale zu empfangen, muss der GPS-Empfänger wissen, wo genau am Himmel er nach Satelliten suchen soll. Dazu werden mit dem GPS-Signal auch die sogenannten Almanach- und Ephemeris-Daten übermittelt, die die exakte Satellitenposition zu einem bestimmten Zeitpunkt vorhersagen. Die Ephemeris-Daten sind dabei genauer als die Almanach-Daten, allerdings nur für maximal 4 Std. gültig.

Beim ersten Einschalten sind weder Almanach- noch Ephemeris-Daten vorhanden und der Empfänger muss initialisiert werden. Die komplette Übertragung der Almanach-Daten dauert 12,5 Min., die Ephemeriden werden in einem Intervall von 30 Sek. übermittelt und beanspruchen eine Übertragungszeit von etwa 8 Sek. Auch wenn aktuelle GPS-Empfänger schon nach 1 Min. navigationsbereit sind (bei älteren Modellen kann die Initialisierung durchaus mehrere Minuten in Anspruch nehmen), sollten Sie sie nicht sofort wieder ausschalten, damit die Daten vollständig übertragen werden können.

War das Gerät länger als 6 Std. ausgeschaltet, sind zwar die Almanach-Daten noch aktuell, die Ephemeris-Daten aber veraltet. Für einen solchen **Kaltstart** benötigen aktuelle Empfänger zwischen 5 und 10 Sek., bei älteren Modellen kann das bis zu etwa 45 Sek. dauern. Die Geschwindigkeit hängt davon ab, wie viele Satelliten in der Zwischenzeit über den Horizont gekommen bzw. dahinter verschwunden sind.

Bei einem **Warmstart** sind sowohl Almanach- wie auch Ephemeris-Daten aktuell. Betagtere Geräte liefern dann nach rund 15 Sek. eine Position, bei aktuellen Empfängern erfolgt die Erfassung des Satellitensignals binnen weniger Sekunden und sie sind quasi mit dem Einschalten navigationsbereit.

Lag der GPS-Empfänger für mehr als drei Monate ungenutzt im Regal oder brechen Sie zu einer Trekkingreise in der Ferne auf, wird nach dem Einschalten eine Neu-Initialisierung erforderlich. Das Gleiche gilt, wenn Sie durch einen Hardreset (☞ Seite 66) die Almanach- und Ephemeris-Daten gelöscht haben.

Die Menüstruktur

… beimTwoNav Terra

Die verschiedenen Einstellungs- und Funktionsmenüs des TwoNav Terras erreichen Sie über die beiden Navigationsleisten ober- und unterhalb der Kartendarstellung. Ein Tipp auf die Statusleiste mit der Uhrzeit am **oberen Rand** bringt Sie auf die Statusseite mit den wichtigsten Basisfunktionen, u. a. Start/Stopp der Trackaufzeichnung, Auswahl eines Profils und Einstellung der Bildschirmhelligkeit.

In der Navigationsleiste am **unteren Rand** rufen Sie das Hauptmenü mit den Systemeinstellungen auf oder können über die rote *Start*-Schaltfläche in der Mitte ein Ziel für die aktuelle Navigation auswählen.

Über das Kontextmenü ganz rechts lassen sich die Karteneinstellungen anpassen.

… beim GPSMAP 65s

Auch das GPSMAP 65s startet mit der Karten-Seite. Durch mehrmaliges Drücken der Page-Taste erreichen Sie die einzelnen im Folgenden aufgeführten Informationsbildschirme. Zweimaliges Drücken der Menu-Taste führt ins Hauptmenü.

Die Haupt-Informationsbildschirme

Ausgehend von der Kartenansicht können Sie nach links bzw. rechts durch die einzelnen Hauptbildschirme blättern. Die genaue Anzahl und Reihenfolge hängt auch vom gewählten Profil und/oder den getroffenen Einstellungen im Menü ab. Bei Bedarf können Sie die die einzelnen Seiten nach Ihren Wünschen und Vorlieben anpassen (☞ Seite 58).

Hier ein kurzer Überblick über die wichtigsten Menüseiten und wofür Sie sie in der Praxis brauchen. Diese Seiten finden Sie auch bei Geräten anderer Hersteller in vergleichbarer Form.

Karte

Sobald ausreichend Satelliten erfasst worden sind, wird der aktuelle Standort auf der Karten-Seite bei Garmin-Geräten in Form eines blauen, dreieckigen Positionspfeils angezeigt (bei TwoNav ist der Positionspfeil rot). Die Spitze weist dabei in Bewegungsrichtung. Zusätzlich werden, sofern vorhanden, auch Wegpunkte, Routen und Tracks im Bereich der Karte um den aktuellen Standort eingeblendet.

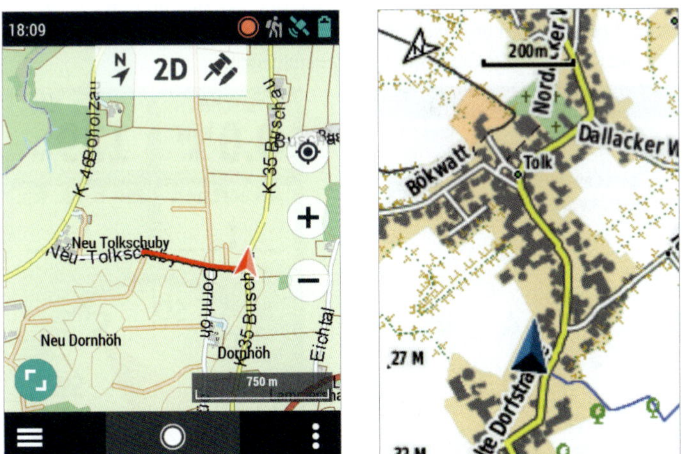

Die Karten-Seite (links TwoNav Terra, rechts GPSMAP 65s) zeigt Ihnen den aktuellen Standort auf der installierten Karte an

Bei Geräten mit Kartendarstellung wird die Position zumindest auf der im internen Gerätespeicher vorhandenen Basiskarte angezeigt, bei zusätzlich installierter und aktivierter Topo-Karte dient selbstverständlich diese als Grundlage.

Die Karten-Seite ist die wohl wichtigste Seite für die Orientierung und Navigation. Am einfachsten gelingt das mit einem fertigen Track, den Sie sich auf der Karte anzeigen lassen und dem Sie dann einfach folgen können. Der Kartenausschnitt verschiebt sich dabei automatisch mit der Bewegung. Über die Zoom-Taste (entweder am Gerät oder als Symbol auf dem Touchscreen) lässt sich der Maßstab ändern und die Kartenansicht nach Bedarf vergrößern oder verkleinern.

Bei Touchscreen-Geräten kann der Kartenausschnitt mit dem Finger (ansonsten über die Pfeil-/Wipptaste oder den Joystick) verschoben werden und Sie können den weiteren Streckenverlauf in Augenschein nehmen. Außerdem lassen sich beliebige Punkte auf der Karte auswählen, um sich die Richtung und Entfernung (in Luftlinie) dorthin anzeigen zu lassen oder sie als Zielpunkt für die Navigation auszuwählen.

Über das Karten-Menü (☞ Seite 54) lassen sich die Anzeige der Karte (z. B. die Ausrichtung nach Norden oder in Bewegungsrichtung sowie die Darstellung der einzelnen Kartenelemente oder die Textgröße der Beschriftungen) nach den persönlichen Vorlieben anpassen und zusätzliche Datenfelder (z. B. ein Peilungszeiger oder die aktuelle Geschwindigkeit) einblenden.

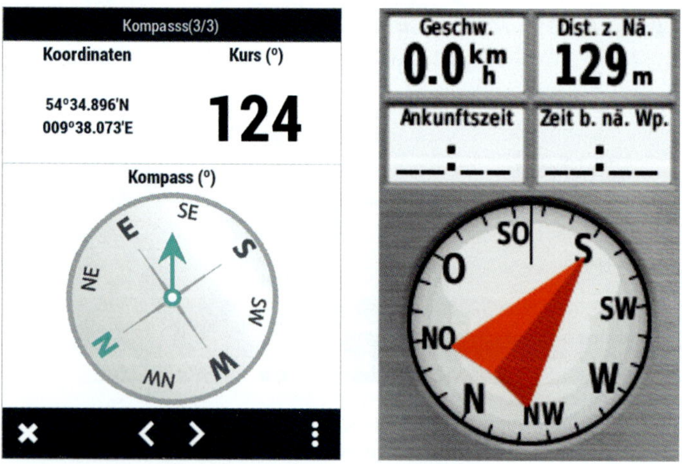

Kompass (links TwoNav Terra, rechts GPSMAP 65s)

Kompass

Die Kompass-Seite zeigt eine Kompassrose samt Peilungszeiger, der bei aktiver Navigation immer in Richtung Ziel zeigt (☞ Seite 82).

Bei Garmin-Geräten können Sie über das Kompass-Menü (☞ Seite 60) statt des Peilungszeigers auch einen Kurszeiger wählen, der den Sollkurs angibt. Ebenso können Sie hier analog zur Karten-Seite weitere Datenfelder zur Anzeige auf der Kompass-Seite hinzufügen.

Denken Sie daran, dass Richtungsangaben bei Stillstand nur mit einem elektronischen Kompass möglich sind. Bei Geräten ohne elektronischen Kompass müssen Sie sich aus dem Stand heraus erst ein paar Meter „auf Verdacht" in Bewegung setzen, bis sich der Peilungszeiger richtig ausgerichtet hat.

Reisecomputer

Der Reisecomputer zeigt viele Daten zur aktuellen Tour an. Wie bei einem Fahrradcomputer finden Sie hier Angaben zur aktuellen Geschwindigkeit, der bisherigen Durchschnittsgeschwindigkeit oder der zurückgelegten Strecke; aber auch Angaben zur aktuellen Höhe über dem Meer, die verbleibende Zeit bis zum angesteuerten Ziel und viele weitere Statistiken mehr sind möglich. Bei vielen Geräten lassen sich die einzelnen Datenfelder und mitunter sogar das Layout des Reisecomputers individuell anpassen.

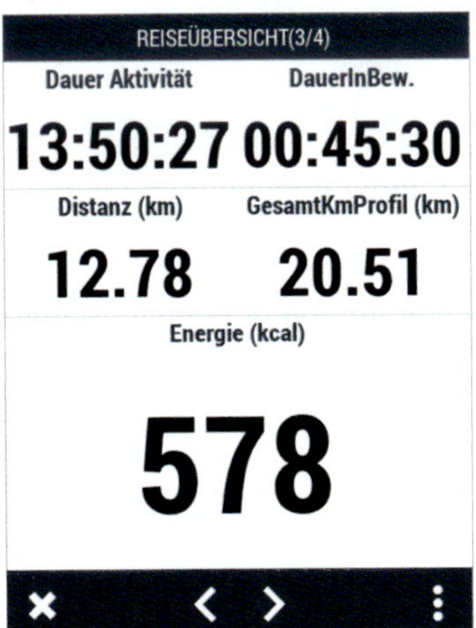

Reisecomputer (links TwoNav Terra, rechts GPSMAP 65s)

Höhenmesser

Die Höhenmesser-Seite ist insbesondere für Wanderungen im Gebirge oder Mountainbiker interessant und liefert unterschiedliche Angaben zur Höhe und den zurückgelegten Höhenmetern sowie das Höhenprofil. Die angezeigten Datenfelder lassen sich über das Höhenmesser-Menü (☞ Seite 62) konfigurieren. Hier können Sie u. a. einstellen, ob das Höhenprofil anhand der Zeit oder der Strecke dargestellt werden soll.

Satellitenstatus

Diese Seite gibt detailliert Auskunft über die Anzahl der Satelliten, ihre Position und die jeweilige Empfangsstärke. Die Abbildung zeigt den Blick von der Erde aus Richtung Himmel. Das Zentrum symbolisiert dabei den Zenit, der äußere Kreis markiert den Horizont. Durch die zusätzliche Angabe der Himmelsrichtung lassen sich die Satelliten recht zuverlässig lokalisieren und die Informationen gut nutzen, um unter schwierigen Bedingungen den Empfang zu optimieren.

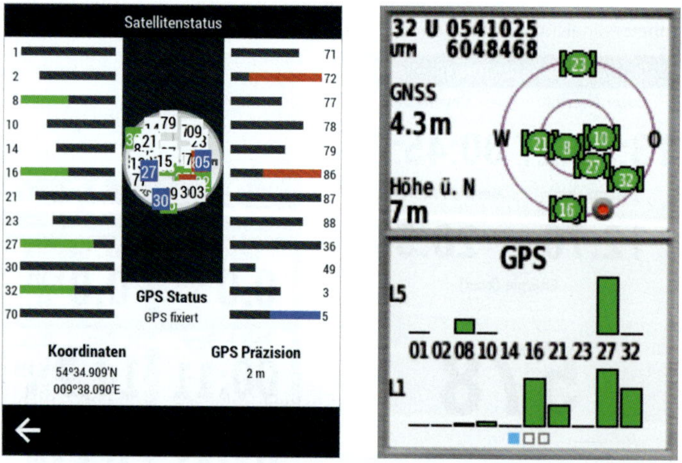

Die Satellitenstatus-Seite informiert in allen Einzelheiten über die empfangenen Satellitensignale (links TwoNav Terra, rechts GPSMAP 65s)

Oftmals reichen schon wenige Schritte in die richtige Richtung aus dem Schatten eines Gebäudes oder anderen Hindernisses aus, um den Empfang deutlich zu verbessern. Die Säulendiagramme unten zeigen die Stärke des jeweiligen Satelliten mit der gleichen Zahl. Je höher eine Säule, desto stärker ist das Signal.

Zusätzlich wird auch die Genauigkeit der Positionsbestimmung angegeben. Gerade wenn Sie einen schlechten Empfang vermuten, z. B. weil Sie im Wald unterwegs sind, sollten Sie die Genauigkeit kontrollieren, bevor Sie einen Wegpunkt speichern. Bei der angegebenen Entfernung handelt es sich nicht um einen exakten Wert.

Garmin verwendet hier den sogenannten CEP-Wert (= Circular Error Probable, andere Hersteller nutzen hier u. U. andere Werte). Er besagt, dass 50 % aller Messungen in einem Kreis mit dem angegebenen Radius und 95 % aller Messungen innerhalb eines Kreises mit dem doppelten Radius liegen. Anders ausgedrückt: Zeigt das Gerät eine Genauigkeit von 5 m an, so befinden Sie sich mit einer Wahrscheinlichkeit von 95 % maximal 10 m vom angezeigten Standpunkt entfernt.

Virb-Fernbedienung

Im Zuge des Gopro-Booms hatte Garmin vorrübergehen auch eigene Actioncams im Sortiment. Deren Vertrieb ist zwar mittlerweile eingestellt, die Funktion zur Fernsteuerung der „Virb“-Kameras aber noch immer u. a. im Menü der Garmin GPSMAP–Modelle zu finden. Um dieses Feature nutzen zu können, muss an der Kamera die Fernbedienungseinstellung aktiviert werden und das GPS-Gerät mit der Kamera gekoppelt sein. Ziehen Sie dann den Schieberegler nach oben, um die Aufzeichnung eines Videos zu starten, bzw. nach unten, um sie zu beenden. Über die Kamera-Schaltfläche lassen sich Fotos aufnehmen.

Garmin-Empfänger können als Fernbedienung einer Virb-Actioncam genutzt werden. So kann die Kamera drahtlos aus der Entfernung ausgelöst werden, z. B. wenn sie außer Reichweite an der Bootsspitze montiert ist.

Das Menü Systemeinstellungen und die wichtigsten Grundeinstellungen

Nachdem sich der Empfänger initialisiert hat und ausreichend Satelliten für die Positionsbestimmung erfasst sind, kann es im Prinzip losgehen. Bevor Sie das GPS-Gerät aber für die erste Tour nutzen, sollten Sie ein paar grundlegende Dinge wie Maßeinheiten, Uhrzeitanzeige und Positionsformat korrekt einstellen.

Das Einstellungen-Menü bietet darüber hinaus zahlreiche weitere Möglichkeiten, um die Funktionsweise optimal an die eigenen Bedürfnisse anzupassen. Die folgenden Seiten geben einen Überblick über die weitreichenden Optionen.

Sicherlich benötigen Sie nicht alles davon sofort. Die konkreten Empfehlungen für die zu treffenden Optionen sollen Ihnen den Start erleichtern. Mit wachsender Erfahrung können Sie die Einstellungen dann an Ihre eigenen Vorstellungen anpassen. Sie erreichen das Einstellungen-Menü wie folgt:

▷ **TwoNav Terra:** Tippen Sie im Hauptbildschirm mit der Kartenanzeige auf das Symbol mit den drei Strichen unten links. Wird gerade eine andere Datenseite angezeigt, so können Sie diese über die X-Schaltfläche unten links schließen. Tippen Sie dann auf den mit einem Zahnrad markierten Eintrag *Einstellungen*.

▷ **Garmin GPSMAP 65s:** Rufen Sie durch zweimaliges Drücken der Menu-Taste das Hauptmenü auf, wählen Sie dort den Eintrag *Einstellungen* aus und drücken Sie die Enter-Taste.

Das Einstellungen-Menü umfasst weitere Untermenüs, die nach Oberbegriffen sortiert die Einstellungen zusammenfassen, (links TwoNav Terra, rechts GPSMAP 65s)

Sämtliche Bildschirmabbildungen auf den folgenden Seiten stammen von einem Garmin GPSMAP 65s mit der Softwareversion 4.60. Bei anderen Modellen oder Geräten anderer Hersteller stehen im Detail nicht alle oder andere Punkte zur Verfügung oder haben mitunter etwas abweichende Bezeichnungen. Die Grundfunktionalität ist aber immer ähnlich.

System

Im System-Menü versammeln sich alle Einstellungen, die das Gerät selbst betreffen: neben der Menüsprache auch die Art des Satellitensignals, das Verhalten der USB-Buchse beim Anschließen an einen Computer sowie die Art der verwendeten Energiequelle.

1 **Satellit:**

1.1 Satellitensystem: Einstellung *Multi-GNSS* für bestmögliche Leistung und schnelle Positionsbestimmung selbst bei schwierigen Empfangsbedingungen. Um die Akkulaufzeit zu verbessern, wählen Sie *Nur GPS*, dann werden ausschließlich GPS-Satelliten verwendet. Im *Hilfemodus* ist der Satellitenempfang abgeschaltet (keine Positionsbestimmung).

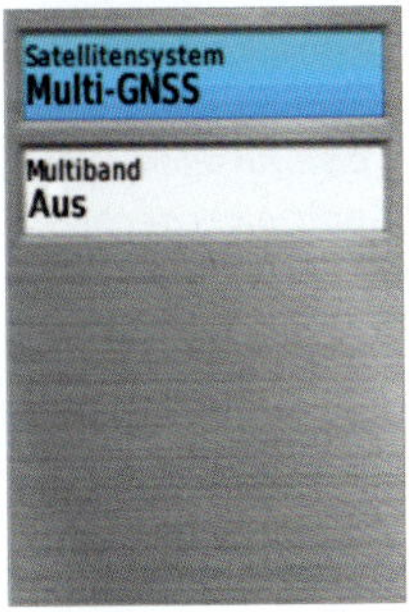

1.2 Multiband: Einstellung *Aus*, um Strom zu sparen. Die erhöhte Genauigkeit durch die Verarbeitung von Satellitensignalen auf unterschiedlichen Frequenzen bringt erfahrungsgemäß für Outdooraktivitäten wie Wandern, Fahrradfahren oder Paddeln keinen spürbaren Vorteil. Benötigen Sie aber eine präzise Positionsbestimmung in schwierigen Situationen, z. B. in einer Felsschlucht (oder wünschen eine möglichst genaue Positionsaufzeichnung und brauchen keinen Strom zu sparen brauchen), dann können Sie das Multiband-System aktivieren.

2 **Sprache:** *Deutsch*

3 **Schnittstelle:**

▷ *MTP* (Media Transfer Protocol): Empfohlene Einstellung, beim Anschließen an einen Computer verhält sich der GPSMAP wie eine Digitalkamera oder ein Smartphone und im Explorer/Finder auf dem Computer werden der interne Speicher und die eingelegte MicroSD-Karte als Laufwerke angezeigt, sodass man Zugriff auf die gespeicherten Dateien hat.

Empfohlene Grundeinstellungen für Satellit und Schnittstelle, (Darstellung auf GPSMAP 65s)

An Computern mit MacOS wird der Massenspeichermodus verwendet und Sie müssen das Gerät vor dem Trennen unbedingt am Computer abmelden („Garmin" auswerfen), um Datenverlust zu vermeiden.

▷ *Garmin Spanner*: Sinnvoll, wenn der GPSMAP extern mit Strom versorgt werden soll. Nach dem Einstecken des USB-Kabels erscheint auf dem Display der Dialog *USB-Kabel erkannt. In den Massenspeichermodus wechseln?* Bei *Nein* wird der eTrex Touch mit Strom versorgt (eingelegte Akkus werden aber nicht geladen, ☞ Energieversorgung, Seite 24) und lässt sich weiterhin bedienen, bei *Ja* wird in den Massenspeichermodus gewechselt und der Datenaustausch mit dem PC ist möglich.

4 **AA-Batterietyp:** Auswahl entsprechend der verwendeten Energiequelle (*Alkaline/Lithium/Herk. NiMH-Akku/Vorgel. NiMH-Akku*). Die letzte Option bezieht sich auf optional als Zubehör erhältliche Akkupacks.

Achten Sie darauf, im Gerätemenü den richtigen Batterietyp auszuwählen. Lithiumbatterien z. B. verlieren gegen Ende recht rasch an Kapazität. Haben Sie im Menü fälschlicherweise Alkaline-Batterien eingestellt, so warnt das Gerät nicht rechtzeitig vor schwachen Zellen und schaltet dann unvermittelt ab (Diese und folgende Seiten: Darstellung auf GPSMAP 65s).

Anzeige

1 **Beleuchtungsdauer:** Die Zeitspanne in der die Displaybeleuchtung eingeschaltet bleibt, lässt sich zwischen *15 Sekunden* und *2 Minuten* wählen. Entscheiden sie sich für eine möglichst kurze Zeitdauer, um den Energieverbrauch zu reduzieren.

Das automatische Ausschalten des Displays ist die beste Methode, Energie zu sparen. Je nach geplanter Aktivität kann eine Deaktivierung des Energiesparmodus trotzdem sinnvoll sein.

2 **Energiesparmodus:** Für Wanderungen *Ein*, d. h., das Display wird nach der unter ☞ **Beleuchtungsdauer** eingestellten Zeitspanne komplett ausgeschaltet. Diese Einstellung ist die effektivste Art, um Strom zu sparen, denn das Display ist ein starker Verbraucher. Mit einem Druck auf die Einschalttaste wird das Display wieder aktiviert. Ist ein dauerhafter Blick auf die Karte ohne zusätzliche Aktion erforderlich, z. B. bei rasanten MTB-Abfahrten, ist *Aus* die bessere Einstellung.

3 **Farben:** Legt die Farben für den Anzeigehintergrund sowie die Markierungsfarbe für verschiedene Elemente fest. In der Regel ist *Tag* eine gute Wahl und die Farb-Darstellung erfolgt unabhängig von der Tageszeit. Mit *Auto* wird je nach Uhrzeit zwischen Tagschema mit hellem und Nachtfarbschema mit dunklem Hintergrund gewechselt. In den weiteren Punkten des Untermenüs können Sie die Farbe von Hintergrund sowie der ausgewählten Elemente für den Tag- bzw. Nachtmodus nach persönlichen Vorlieben wählen.

4 **Stil Hauptm., Einst., Suchen:** Ändert das Erscheinungsbild des Menüsystems. *Gitter (6 Elemente)* oder Gitter *(7 Elemente)* sind hier die beste Wahl, mit *Gitter (12 Elemente)* gerät die Darstellung der Symbole im Menü dagegen recht klein.

5 **Screenshot:** *Aus*. Mit *Ein* können Sie durch Drücken der seitlichen Ein-/Aus-Taste ein Bild des aktuellen Displayinhalts anfertigen. Es wird als .png-Grafikdatei im Ordner *Garmin/scrn* im internen Gerätespeicher abgelegt.

Stromsparfunktionen bei anderen Herstellern

Praktisch alle Hersteller bieten verschiedene Optionen zum Stromsparen und insbesondere bei längeren Touren, bei denen die Energieversorgung zum Problem werden kann, lohnt sich ein genauerer Blick in die Bedienungsanleitung des jeweiligen Geräts.

Die Satmap-Geräte z. B. beherrschen einen Standby-Modus, der ähnlich wie beim Laptop funktioniert. Das Gerät „wacht" beim Druck auf die Einschalttaste sofort auf, aber aufgepasst: Im Standby-Modus wird die zurückgelegte Strecke nicht als Track aufgezeichnet. Im Menüpunkt *Erweiterte Stromversorgung* finden sich bei Satmap aber zahlreiche Stromsparvarianten mehr, in der Einstellung *Ultra* z. B. wird die Position nur alle 8 Sek. aktualisiert, die Karte lässt sich nicht in Bewegungsrichtung orientieren und die maximale Bildschirmbeleuchtung ist auf 70 % begrenzt. Bei Wanderungen reicht das in der Regel völlig aus und der Akku hält etwas länger durch.

Bluetooth

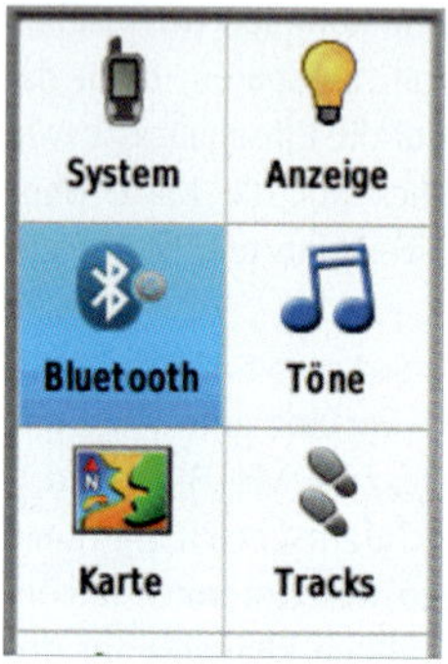

Mit eingeschalteten Benachrichtigungen kann das Smartphone im Rucksack bleiben, denn eingehende Nachrichten oder Terminerinnerungen werden an das GPS-Gerät „weitergereicht"

Bei erstmaligem Aufruf der Bluetooth-Funktion erscheint nur der Hinweis *Bereit zum Koppeln*. Sie benötigen dazu auf dem Smartphone die Garmin Explore Mobile App, die Sie kostenlos aus dem jeweiligen App Store für iOS bzw. Android herunterladen können. Diese führt Sie dann mit den angezeigten Anweisungen auf dem Bildschirm durch die erforderlichen Schritte, um das Smartphone mit dem Garmin-GPS zu verbinden. Anschließend finden Sie die folgenden drei Unterpunkte im Menü *Bluetooth*:

1 **Verbindung:** Zum Verbinden mit einem Smartphone einschalten.

2 **Benachrichtigungen:** Zum Anzeigen von Benachrichtigungen auf dem eTrex aktivieren.

3 **Mobilgerät koppeln**: Neues Smartphone koppeln.

Töne

1 **Töne:** Empfohlene Einstellung ist *Ein*. Bei *Aus* sind sämtliche akustischen Signale ausgeschaltet. Die Lautstärke lässt sich leider nicht einstellen

2 **Nachrichten-Signalton:** Hier können Sie einen von insgesamt 19 Piepstönen auswählen, mit denen das Garmin z. B. auf den Verlust des GPS-Empfangs aufmerksam macht oder meldet, dass sich die Batterien dem Ende entgegenneigen.

3 **Tastenton:** Legt das Tonsignal fest, mit dem ein Tastendruck quittiert wird. Wer davon genervt ist kann die Tastentöne mit *Aus* auch komplett deaktivieren.

4 **Abbiegewarnungen:** Hier stellen Sie über weitere Optionen im Untermenü die Hinweistöne ein, mit denen das Garmin bei der Navigation akustisch auf Kreuzungen hinweist. Praktisch insbesondere bei der Nutzung als Fahrradnavi. Der unter *Warnung: Frühe Abbiegung* definierte Klang weist rechtzeitig im Voraus auf eine Kreuzung hin, kurz vor dem Abbiegen erklingt der mit *Warnung: Letzte Abbiegung* gewählte Ton.

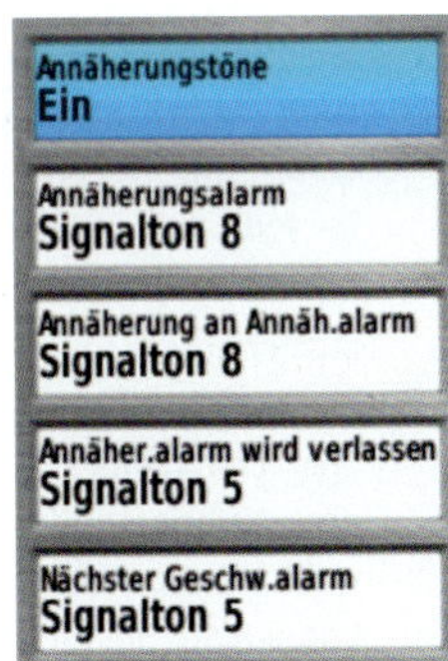

5 **Annäherungsalarme:** Hierbei handelt es sich um Hinweistöne, die erklingen, sobald man sich einem Wegpunkt nähert. Die Aktivierung erfolgt mit der Einstellung *Annäherungstöne > Ein* im Untermenü. Mit den weiteren Optionen lassen sich separate Töne für unterschiedliche Gegebenheiten wählen:

- *Annäherungsalarm:* Signalisiert, dass sich ein POI in der Nähe befindet. Erklingt mehrfach, sobald der Annäherungsradius erreicht wird und solange die aktuelle Position innerhalb dieses Bereichs liegt.

- *Annäherung an Annäh.alarm:* Erklingt einmalig (u. a. für Wegpunkte, POIs, Geocaches), sobald man den Annäherungsradius erreicht.
- *Annäher.alarm wird verlassen:* Weist darauf hin, dass man den Annäherungsradius verlässt.
- *Nächster Geschw.alarm:* Benachrichtigt darüber, wenn ein POI in der Nähe mit einer Geschwindigkeitswarnung versehen ist.

Karte

1 **Ausrichtung:**
▷ *Nach Norden:* Der obere Rand zeigt immer Kartennord, unabhängig davon, in welche Richtung der Empfänger gehalten wird. Empfohlen, um die Akkulaufzeit zu verlängern.
▷ *Fahrtrichtung:* Die Ausrichtung der Karte in Fahrtrichtung erleichtert die Orientierung beim Fahrradfahren und die Navigation mit Tracks, Routen oder Wegpunkten.
▷ *Fahrzeugmodus:* Zeigt eine schräge Aufsicht wie aus dem Autonavi gewohnt, die Karte wird dabei in Fahrtrichtung ausgerichtet.

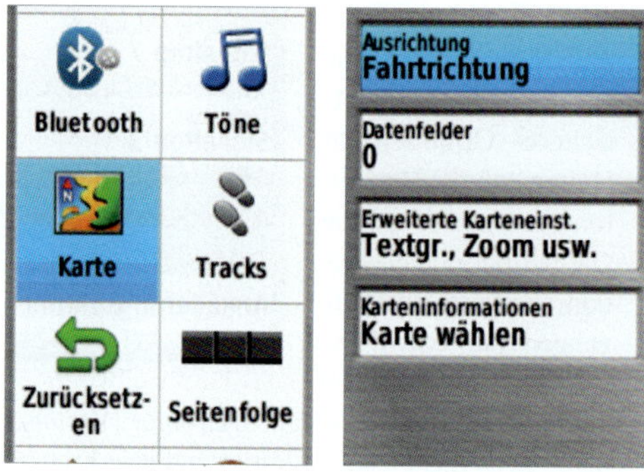

Die Auswahl „Fahrtrichtung" ist komfortabler, kostet aber zusätzliche Akkulaufzeit

2 **Datenfelder:** Ermöglicht die Einblendung zusätzlicher Datenfelder oberhalb der Karte (*Höhenmesser, Kompass, Stoppuhr*). Praktisch ist die Auswahl *Benutzerdefiniert.* Im folgenden Bildschirm können Sie die Einblendung dann getrennt danach einstellen, ob gerade eine Navigation aktiv ist oder nicht. Mit *Nicht beim Navigieren > 0* werden die Datenfelder bei nicht aktiver Navigation automatisch ausgeblendet und die Karte nimmt das gesamte Display ein

3 **Erweiterte Karteneinst.:**
3.1 Erweiterte Karteneinst.: Öffnet ein Untermenü mit zwei Einträgen. *Autom. Zoom* sollte eingeschaltet werden, damit das Gerät den Maßstab der Kartendarstellung für eine gute Lesbarkeit automatisch wählt. Unter *Zoom-Maßstäbe* können Sie festlegen, ab welchem Zoom-Maßstab die verschiedenen Kartenelemente angezeigt werden

3.2 Hilfetext: Blendet während der Navigation zusätzliche Informationen ein (z. B. *Weiter in Richtung Bahnhofstraße*). Wenn gewünscht mit *Beim Navigieren* einschalten. Wenig sinnvoll ist *Immer*, dann verdeckt der permanent eingeblendete Text *Navigationsbereit* einen großen Teil der Karte. Mit *Nie* werden die Zusatztexte ganz abgeschaltet.

3.3 Textgröße: Legt die Textgröße für die unterschiedlichen Kartenelemente (*Kartenpunkte, Benutzer-Wegpunkte, Straßennamen und Landbedeckung*) fest. *Klein* oder *Mittel* wählen. Bei *Groß* verdecken die Bezeichnungen sonst einen erheblichen Teil der Karte. *Keine* blendet die Beschreibungen für das betreffende Element aus.

3.4 Detailgrad: Die Einstellung *Normal* zeigt in der Regel eine ausreichende Menge an Details und erlaubt gleichzeitig einen raschen Aufbau des Kartenbilds. Mit *Mehr* steigt die Menge an Details und es dauert entsprechend länger, bis die Karte geladen und angezeigt wird. Umgekehrt reduzieren *Weniger* und *Minimal* die Menge der dargestellten Einzelheiten und beschleunigen den Kartenaufbau.

3.5 Plastische Karte: *Automatisch* (Empfohlene Einstellung). Die plastische Geländedarstellung vermittelt zwar einen recht anschaulichen Eindruck des Geländereliefs, allerdings leidet darunter die Ablesbarkeit in den dunklen Bereichen. Mit der Einstellung *Automatisch* verschwindet die plastische Geländedarstellung, sobald Sie in die Karte hineinzoomen. Wollen Sie ganz darauf verzichten, wählen Sie *Nicht anzeigen*. Mit *Zeige wenn verf.* wird die plastische Karte dauerhaft in jedem Maßstab angezeigt.

4 **Karteninformationen:** Öffnet einen Bildschirm, in dem Sie die im internen Speicher bzw. auf der eingelegten Speicherkarte installierten Karten einzeln ein- und ausschalten können.

Karten lassen sich ein- und ausschalten

Tracks

Hier finden Sie alle relevanten Einstellungen in Bezug auf die Aufzeichnung der zurückgelegten Strecke.

1 **Trackaufzeichnung:** Hier wird die Trackaufzeichnung aktiviert oder deaktiviert. Wählen Sie am Start der Tour *Aufz., a. Karte anz.*, damit die zurückgelegte Strecke als Track aufgezeichnet und auch auf der Karte angezeigt wird.

2 **Aufzeichnungsart:** Legt die Art der Trackaufzeichnung fest. *Auto* liefert erfahrungsgemäß gute Ergebnisse. Bei Wandern ist alternativ auch *Distanz* gut geeignet. Mit der Einstellung *Uhrzeit* wird in regelmäßigen Zeitabständen ein Trackpunkt aufgezeichnet, das führt während Pausen – je nach eingestelltem ☞ **Intervall** – zu unschönen „Punktwolken".

3 **Intervall:** Je kürzer das Intervall (in Abhängigkeit von der ☞ **Aufzeichnungsart** entweder in Metern oder Sekunden), desto detaillierter wird die zurückgelegte Strecke aufgezeichnet. Allerdings steigen dadurch Datenaufkommen und Akkuverbrauch.

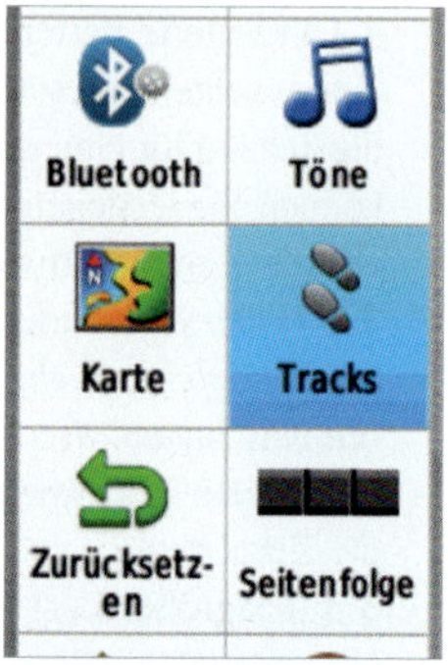

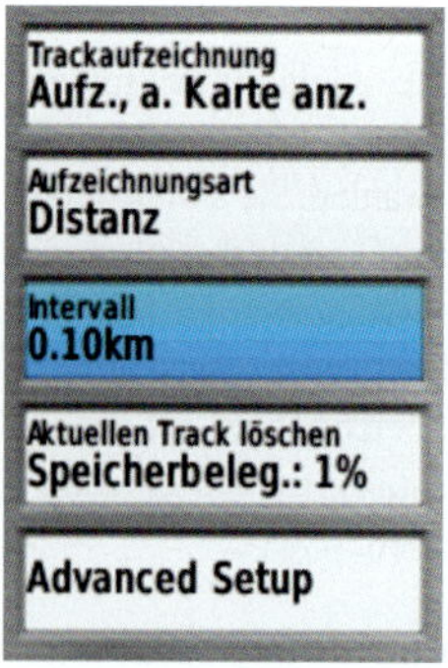

4 **Aktuellen Track löschen:** Löscht die aktuelle Trackaufzeichnung (Active Log), um den Speicher freizugeben.

5 **Advanced Setup:**

Wenn Sie bei einer mehrtägigen Wanderung einen Track pro Tagesetappe erhalten möchten, wählen Sie unter *Automatisch archivieren* die Einstellung *Täglich*. Ansonsten können Sie auch *Wenn voll* wählen und der Track wird erst gespeichert, wenn der interne Speicher des Geräts für die Trackaufzeichnung komplett gefüllt ist. Im Untermenü *Farbe* können Sie die Farbe der auf der Karte angezeigten Tracklinie ändern.

Zurücksetzen

Hier finden Sie unterschiedliche Einstellungen, um die verschiedenen Benutzerdaten zu löschen. Um die Löschung vorzunehmen müssen Sie die folgende Sicherheitsabfrage nach der Auswahl eines Menüpunktes mit *Ja* bestätigen.

1 **Reisedaten zurücksetzen:** Empfohlen vor jeder Tour, löscht alle Reisestatistiken wie u. a. aufgestiegene Höhenmeter, Tagesstreckenzähler und die Zeit in Bewegung.

2 **Alle Wegpunkte löschen:** Löscht sämtliche Wegpunkte (nur bei Bedarf erforderlich).

3 **Track/Reisedaten lö.:** Praktisch um beim Start einer Tour mit nur einem Handgriff sowohl die aktuelle Trackaufzeichnung wie auch die Reisedaten zu löschen.

4 **Alle Einst. Zurücks.:** Stellt die Standardeinstellungen wieder her und setzt alle Profile auf die Einstellungen im Auslieferungszustand des Geräts zurück.

5 **Alle löschen:** Der Empfänger wird auf die Werkseinstellungen zurückgesetzt, d. h. auch gespeicherte Benutzerdaten wie Tracks und Wegpunkte werden unwiderruflich gelöscht.

Seitenfolge

Hier legen Sie die Abfolge der Hauptseiten fest, die Sie mit der Page-Taste durchblättern können.

Durch Auswahl eines Eintrags erscheint ein Untermenü, mit dem Sie das entsprechende Element in der Reihenfolge nach vorn bzw. hinten bringen oder es mit *Entfernen* ganz von der Anzeige ausnehmen können.

Mit *Seite hinzufügen* lassen sich weitere Seiten (z. B. die Satellitenstatus-Seite) ergänzen. Die Änderungen wirken sich dabei nur auf das aktive Profil aus und Sie können für jede Aktivität einzelne Hauptseiten und deren Reihenfolge festlegen.

Einheiten

Hier wählen Sie die Maßeinheiten für Strecken und Geschwindigkeiten, die Vertikalgeschwindigkeit sowie Höhe (bzw. Tiefe), Temperatur und Luftdruck.

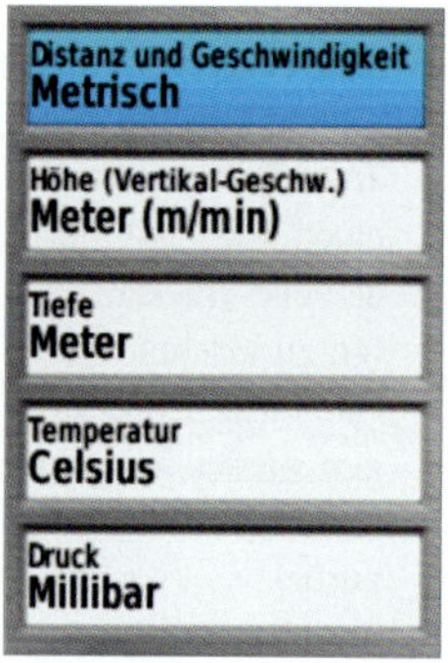

1 **Distanz und Geschwindigkeit:** *Metrisch*
2 **Höhe (Vertikal-Geschw.):** nach Wunsch, z. B. *m/s*
3 **Tiefe:** *Meter*
4 **Temperatur:** *Celsius*
5 **Druck:** *Millibar*

Uhrzeit

1 **Zeitformat:** *24 Stunden*
2 **Zeitzone:** *Automatisch* (Zeitzone wird automatisch entsprechend der GPS-Position eingestellt.)

Positionsformat

1 **Positionsformat:** Legt das Format fest, in dem Positionsangaben angezeigt werden. Die Einstellung *hddd°mm.mmm* ist z. B. beim Geocaching verbreitet und auch in den Büchern des Conrad Stein Verlags werden die GPS-Koordinaten in dieser Form angegeben, z. B. N 45°56.079' E 010°54.401. Wollen Sie das GPS dagegen zusammen mit einer Papierkarte verwenden, so müssen Sie das Gitter entsprechend der Karte wählen, z. B. *UTM UPS*.
2 **Kartenbezugssystem & 3 Kartensphäroid:** Standardeinstellung ist *WGS84*, die beiden Angaben brauchen nur geändert zu werden, wenn Sie mit einer (exotischen) Papierkarte navigieren möchten, die auf einem abweichenden Koordinatensystem basiert.

Meistens sind die Einstellungen hddd°mm.mmm und WGS 84 die richtige Wahl – es sei denn, Sie navigieren mit einer Papierkarte

Richtung

Hier lassen sich verschiedene Einstellungen für die Kompassdarstellung anpassen:

1 **Anzeige:** Legt die Art fest, mit der auf dem Kompass die Himmelsrichtungen angezeigt werden. Am vertrautesten ist sicherlich die Variante *Richt.buchstaben*, dann werden die Himmelsrichtungen auf dem Kompass mit den Buchstaben N, S, W, O für Norden, Süden, Westen und Osten gekennzeichnet. Alternativ wählen Sie *Gradzahlen*, dann werden die Zwischenrichtungen als Gradzahlen angezeigt (z. B. 315° für Nordwest), die vier Haupthimmelsrichtungen werden aber weiterhin durch vier Buchstaben gekennzeichnet. Die Einstellung *Mil* verwendet die in der Nautik gebräuchliche Winkeleinheit Strich.

2 **Nordreferenz:** Kann für die reine GPS-Navigation auf der Standardeinstellung *Rechtsweisend* belassen werden, denn der Richtungspfeil auf der Kompass-Seite zeigt unabhängig von der Nordrichtung immer zum Ziel. Die Wahl der geeigneten Nordrichtung ist nur bei der Kompassnavigation im Zusammenspiel mit einer Papierkarte von Bedeutung, wenn ein Kurswinkel zwischen GPS-Gerät und Kompass übertragen werden soll.

Welches Nord hätten Sie denn gerne?

Die drei unterschiedlichen Nordrichtungen lassen sich mit folgendem Gedankenexperiment recht anschaulich erklären. Wenn Sie mit dem GPS-Gerät in der Hand exakt den Kurs 0° einschlagen, dann bewegen Sie sich, je nach Einstellung der Nordreferenz, wie folgt:

- **geografisch** (im Menü: *Rechtsweisend* oder *Wahr)*: parallel zu den Längengraden in Richtung geografischer Nordpol,
- **magnetisch** (im Menü: *Magnetisch* oder *Missweisend)*: entlang der magnetischen Feldlinien in Richtung magnetischer Nordpol,
- **Gitter-Nord** (im Menü: *Gitter)*: parallel zu den senkrechten Gitterlinien der Papierkarte.

3 **Zielfahrt-Linie/Zeiger:** Empfohlene Einstellung ist *Peilung*, die einen Peilungszeiger zum Ziel einblendet, *groß/klein* nach Lust, Laune und persönlichem Geschmack. Mit *Kurs (CDI)* wird ein Kurszeiger dargestellt, der die Bewegung in Relation zur Kurslinie anzeigt, hilfreich z. B. beim Seekajakfahren (☞ Seite 83).

4 **Kompass:** Mit *Aus* wird der elektronische Kompass deaktiviert (spart Strom). In der Einstellung *Automatisch* (empfohlen) wechselt das Gerät automatisch vom elektronischen Kompass zum GPS-Kompass, wenn Sie längere Zeit in Bewegung sind und die Himmelsrichtungen anhand der GPS-Signale bestimmt werden können.

5 **Kompasskalibr.:** In den neueren Garmin-Empfängern wird der elektronische Kompass werkseitig kalibriert und verwendet standardmäßig eine automatische Kalibrierung. Stellen Sie Unregelmäßigkeiten im Kompassverhalten fest (z. B. nachdem Sie bei ausgeschaltem Gerät eine weite Distanz zurückgelegt haben), so lässt sich der Kompass manuell kalibrieren. Nach dem Start der Kalibrierung leiten Sie die Anweisungen auf dem Bildschirm durch das Prozedere.
Bei älteren Geräten ohne Autokalibrierung sollten Sie in regelmäßigen Abständen (z. B. vor dem Start einer Tour) eine manuelle Kalibrierung vornehmen.

Höhenmesser

Hier nehmen Sie die Kalibrierung des barometrischen Höhenmessers vor und können entscheiden, ob Sie das GPS-Gerät als stationäres Barometer für die Wettervorhersage oder als Höhenmesser zum Aufzeichnen der Höheninformationen während der Tour nutzen wollen.

Unterwegs dient das Barometer zur Aufzeichnung des Höhenprofils. Stationär kann es für Wettervorhersagen eingesetzt werden

1 **Automat. Kalibrierung:** Bei eingeschalteter Option wird der barometrische Höhenmesser beim Einschalten des Geräts anhand der GPS-Höhe kalibriert, sobald ausreichend Satelliten erfasst worden sind. Wählen Sie dagegen *Aus*, wenn Sie für eine besonders exakte Aufzeichnung der zurückgelegten Höhenmeter den barometrischen Höhenmesser manuell kalibrieren wollen (☞ **Höhenm. Kalibr.**).

2 **Barometermodus:** Hier können Sie festlegen, ob das Gerät als Höhenmesser oder als Barometer eingesetzt werden soll:
▷ *Höhenmesser*: Aus dem gemessenen Luftdruck wird die Höhe berechnet, um das Höhenprofil während der Tour aufzuzeichnen.
▷ *Barometer:* Stationärer Einsatz als Wetterstation.

3 **Luftdrucktendenz-Aufz.:**
▷ *Speichern, wenn ein* für die Verwendung als Höhenmesser.
▷ *Immer speichern:* Empfohlene Einstellung für den Einsatz des GPS-Geräts als Barometer, damit der Luftdruck selbst bei ausgeschaltetem Gerät aufgezeichnet wird.

4 **Profiltyp:** in Abhängigkeit vom Barometermodus einstellen:
▷ *Höhe über Zeit* oder *Höhe über Distanz*, um ein Höhenprofil zu erhalten.
▷ *Barometrischer Druck* (= Luftdruck bezogen auf Meeresniveau) oder *Umgebungsdruck* beim Einsatz als Barometer.

5 **Höhenm. Kalibr.:** Die genauesten Höhendaten bekommt man, wenn man die Auto-Kalibrierung deaktiviert und den Höhenmesser manuell durch die Eingabe der aktuellen Höhe oder des aktuellen Luftdrucks kalibriert. Dieses sollte zumindest am Start der Tour erfolgen. Bei stabiler Wetterlage ist anschließend kein Nachkalibrieren erforderlich, kommt es allerdings zu Luftdruckschwankungen (z. B. weil ein Tiefdruckgebiet naht), sollte nachjustiert werden (z. B. durch Höhenangaben von Gipfeln, Berghütten etc.).

Routing

Mit den Routingeinstellungen legen Sie die Kriterien fest, die der GPSMAP beim Berechnen eines Routenvorschlags zum gewünschten Ziel zugrunde legt. Das Gerät versucht dabei die Streckenführung für die gewählte Aktivität zu optimieren und zum Beispiel Wanderer eher über interessantere Wald- oder Feldwege zu leiten als über Straßen. Die angebotenen Optionen unterscheiden sich dabei, je nachdem, welche Aktivität Sie auswählen. Zur Nutzung der Funktion ist eine installierte, routingfähige Karte wie z. B. die Garmin TOPO Deutschland PRO mit Active Routing Voraussetzung.

1 **Aktivität:** Wählen Sie eine Aktivität (*Autofahrt, Motorradfahren, Fahrrad, Tourenradfahren, Mountainbiken, Zu Fuß, Wandern, Bergsteigen, Off-Road-Fahren*). Bei *Luftlinien-Routing* führt Sie das Gerät in gerader Linie zum Ziel. Dies ist auch die klassische Wegweisung bei allen nicht routingfähigen Geräten oder Karten. Sie kann auch sinnvoll sein, wenn Sie mit einer vorgefertigten Route von Punkt zu Punkt navigieren möchten. Mit *Bestätigen* können Sie jeweils nach erfolgter Zieleingabe die gewünschte Aktivität für die Routenberechnung festlegen.

2 **Rechenmethode:** Hier lässt sich der berechnete Streckenverlauf entsprechend der persönlichen Vorlieben anpassen (beim Wandern z. B. *Wenig Zeit, Geringe Distanz* oder *Geringer Anstieg*). Mit der Einstellung *Bestätigen* wird beim Start der Navigation zum gewählten Ziel die Berechnungsmethode abgefragt.

3 **Auf Str. zeigen:** Einstellung *Nein* für die meisten Outdooraktivitäten, außer Sie sind z. B. mit dem Rennrad unterwegs.

4 **Vermeidung einrichten:** Hier lassen sich abhängig von der ausgewählten Aktivität einzelne Wegearten (z. B. Fähren oder unbefestigte Straßen (z. B. wenn Sie mit Touren- oder Rennrad unterwegs sind) auswählen, die bei der Streckenberechnung vermieden werden sollen.

4 **Routenneuberechnung:** Einstellung *Automatisch*, damit die Strecke neu berechnet wird, wenn Sie von der berechneten Route abweichen.

Profile

Hier können Sie die mitgelieferten Aktivitätsprofile *Umbenennen* oder *Löschen* (nicht empfohlen). Mit der Schaltfläche *Profil erstellen* am oberen Rand können Sie neue, eigene Profile anlegen und neu einrichten. Mit Profilen wie *Wandern* oder *Tourenradfahren* bietet Garmin eine einfache Möglichkeit, um das Outdoornavi schnell an die eigenen Bedürfnisse anzupassen.

Zu den Einstellungen, die im jeweiligen Profil hinterlegt sind, gehören u. a. Anzahl und Inhalt der zusätzlichen Datenfelder auf der Karten-Seite, die Art der Trackaufzeichnung, die Beleuchtungsdauer, die Hinweistöne, die Abfolge der Hauptseiten und vieles mehr. Auch die Routingeinstellungen sind mit dem aktuellen Profil gekoppelt.

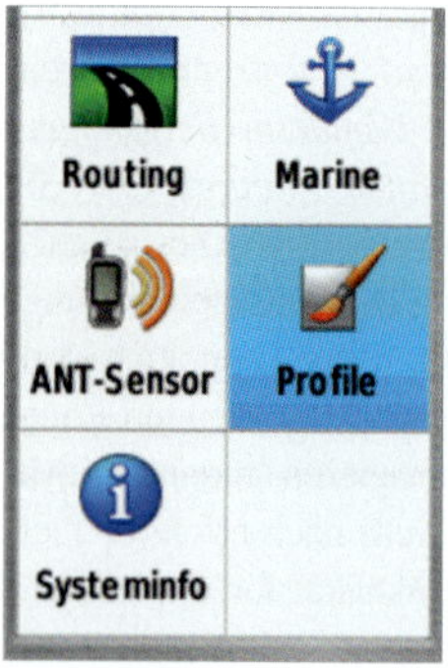

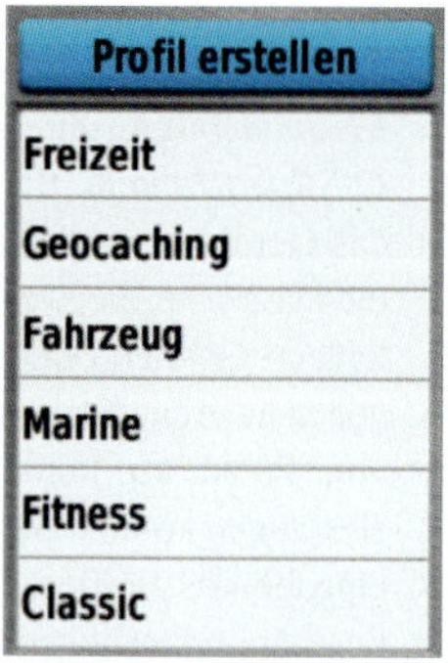

Es gibt eine ganze Reihe von vorkonfigurierten Profilen für die unterschiedlichsten Aktivitäten, die Sie selbst individuell anpassen können. Zusätzlich können Sie aber auch eigene Profile anlegen. Ich selbst habe mir zum Beispiel ein „Experimentier"-Profil angelegt, in dem ich neue Einstellungen teste und ausprobiere, ein weiteres, mit dem ich den Empfänger mit nur einem Handgriff auf Luftlinien-Routing umstelle, und außerdem ein „Barometer"-Profil, mit dem ich den Empfänger schnell in den Barometermodus umschalten kann, ohne die erforderlichen Einstellungen im Menü jeweils langwierig und umständlich von Hand ändern zu müssen.

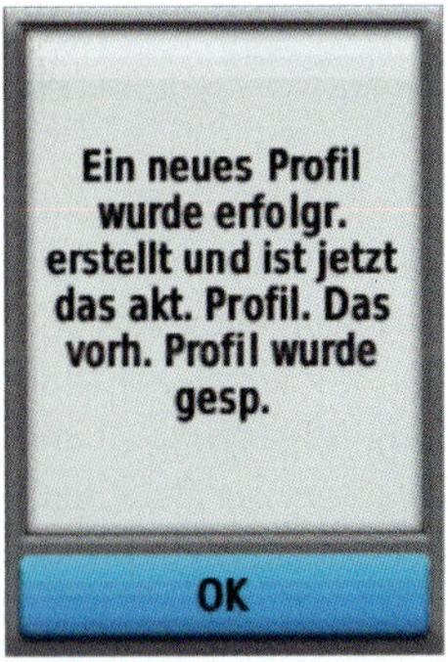

Ein neues Profil ist in wenigen Schritten angelegt:

1. Aktivieren Sie zunächst das vorkonfigurierte Garmin-Profil, welches dem gewünschten Profil möglichst ähnlich ist. Es dient als Ausgangsbasis für das eigene Profil und die erforderlichen Anpassungen beschränken sich auf ein Minimum, da die wichtigsten Grundeinstellungen bereits übereinstimmen.
2. Wählen Sie nun im Einstellungen-Menü den Punkt *Profile* und auf der folgenden Seite oben die graue Schaltfläche *Profil erstellen.*
3. Das neue Profil wird erstellt und als aktives Profil eingestellt. Wählen Sie es dennoch in der Liste aus und betätigen Sie im folgenden Bildschirm die Schaltfläche *Namen bearbeiten*, um dem neuen Profil eine aussagekräftige Bezeichnung zuzuweisen.
4. Nun können Sie die einzelnen Eigenschaften des neuen Profils im Einstellungen-Menü individuell anpassen. Die Änderungen wirken sich dabei nur auf das aktuelle Profil aus.

Geocaches, Marine, ANT-Sensor

Diese drei Untermenüs beinhalten unterschiedliche Sondereinstellungen für spezielle Anwendungsfälle wie das Geocaching, für die Darstellung von Seekarten und die drahtlose Verbindung mit optionalem Fitnesszubehör.

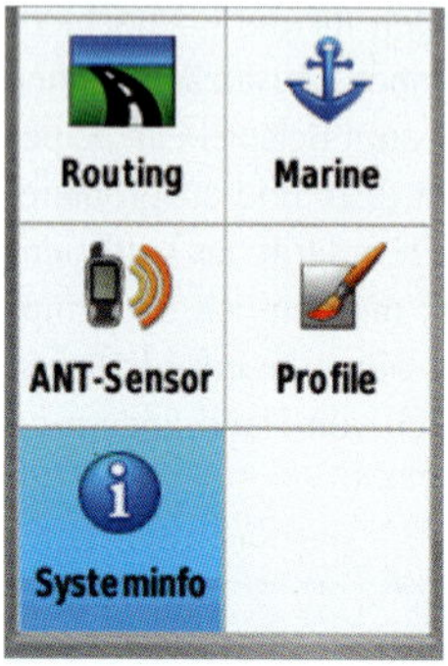

Info

Liefert Hinweise zur aktuellen Softwareversion, die Gerätekennung und rechtliche Infos.

Wenn nichts mehr geht: Hardreset

Wie Computer und andere elektronische Geräte „hängt" sich auch ein GPS-Empfänger mitunter auf. Sollte das Gerät nicht mehr auf Eingaben reagieren, können Sie das Gerät zurücksetzen, indem Sie die Batterien herausnehmen, um die Stromversorgung zu unterbrechen. Starten Sie das Gerät dann nach dem Wiedereinsetzen der Batterien neu. Ihre Einstellungen und Daten wie z. B. aufgezeichnete Tracks bleiben dabei erhalten.

In seltenen Fällen, z. B. wenn trotz freier Sicht zum Himmel kein Satellitensignal empfangen wird, ist ein Hardreset erforderlich.

Dazu muss beim Anschalten des Geräts je nach Modell eine bestimmte Tastenkombination gedrückt gehalten werden (bei Geräten der GPSMAP-Familie z. B. die Tasten *Page* und *Enter)* oder bei Touchgeräten ein bestimmter Bereich berührt werden (beim eTrex Touch 35 z. B. die linke obere Ecke).

Genaue Hinweise zu den gerätespezifischen Tastenkombinationen finden Sie, wenn Sie im Garmin-Support-Forum (💻 http://support.garmin.com/de-DE/) nach dem Stichwort „Hardreset" suchen.

☝ Nachdem Sie die Sicherheitsabfrage *Wirklich alle Benutzerdaten löschen?* mit *Löschen* bestätigt haben, werden alle Benutzereinstellungen (z. B. Benutzerprofile) im internen Gerätespeicher gelöscht. Die Gerätesoftwareversion und die vorinstallierten Karten bleiben ebenso bestehen wie die Daten auf der eingelegten Speicherkarte.

GPS-Praxis II: Unterwegs mit GPS

Wegpunkte, Routen und Tracks

Im Zusammenhang mit dem GPS-Gerät haben Sie es in erster Linie mit den drei Datentypen Wegpunkt (Waypoint), Route und Track zu tun:

▷ **Wegpunkte** speichern die Koordinaten einer bestimmten Position,

▷ **Routen** sind geplante Touren in Form einer Abfolge von Wegpunkten als Zwischenzielen,

▷ **Tracks** beinhalten die Aufzeichnung einer zurückgelegten Strecke.

Die unkomplizierteste Art, einen Wegpunkt anzulegen, besteht darin, den momentanen Standort am Gerät abzuspeichern (☞ Seite 70). Wegpunkte ermöglichen die einfachste Form der Navigation, denn sobald Sie einen Wegpunkt als Ziel aufrufen, werden die Richtung und Entfernung dorthin angezeigt und Sie können ihn direkt ansteuern (☞ GoTo-Navigation, Seite 79).

Neben dem Abspeichern der aktuellen Position gibt es weitere Möglichkeiten, um Wegpunkte anzulegen. Bei Geräten mit Kartendarstellung können Sie jeden gewünschten Punkt auf der Karte markieren und als Wegpunkt speichern. Mit einem digitalen Kartenprodukt lassen sich Wegpunkte auch am PC leicht anlegen und auf den Empfänger übertragen.

Last but not least gibt es natürlich noch die Möglichkeit, klassisch die geografischen Koordinaten eines Ortes auf der Papierkarte zu ermitteln und auf das GPS-Gerät zu übertragen (☞ Seite 88). Selbstverständlich funktioniert das auch in die entgegengesetzte Richtung und Sie können die Koordinaten eines Wegpunktes vom GPS-Gerät in die Papierkarte übernehmen, um sich dessen Lage auf der Karte anzuschauen.

POIs sind keine Wegpunkte

POIs (= Points of interest) sind, zumindest in der Nomenklatur von Garmin, Sonderziele (z. B. Unterkünfte, Campingplätze oder Restaurants), die zusammen mit dem Kartenmaterial installiert werden. Der entscheidende Unterschied zu Wegpunkten: POIs können nicht im GPS-Gerät selbst geändert, verschoben oder gelöscht werden. Mit dem kostenlos erhältlichen Programm POI-Loader von

Garmin (https://www8.garmin.com/support/collection.jsp?product=999-99999-12 können Sie eigene POIs erstellen oder aus dem Internet heruntergeladene POI-Sammlungen auf Garmin-Empfänger übertragen.

Bei einer **Route** handelt es sich um eine geplante Tour, die aus einer Abfolge von Wegpunkten an den wichtigsten Kreuzungen bzw. Abzweigungen als Zwischenzielen besteht.

Routen können direkt am GPS-Empfänger zusammengestellt werden, indem die einzelnen Wegpunkte nacheinander in der richtigen Reihenfolge ausgewählt werden. Komfortabler ist eine Planung am Computer mit dem anschließenden Überspielen der Route auf das GPS-Gerät.

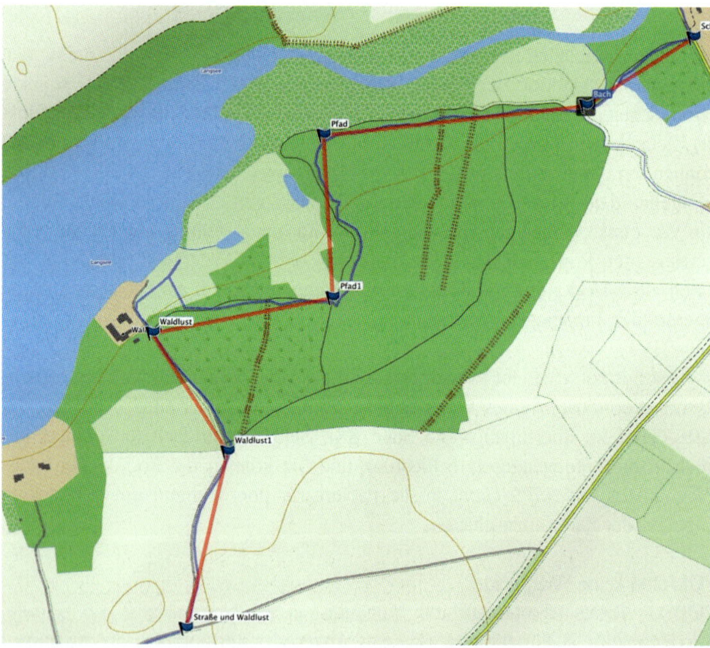

Einzelne Wegpunkte (blaue Fähnchen) lassen sich zu einer Route (rote Linie) verbinden. Der Track (blaue Linie) zeichnet die zurückgelegte Strecke auf.

Startet man eine Routennavigation, so führt der GPS-Empfänger automatisch von Wegpunkt zu Wegpunkt. Eine Karte ist dabei keine Voraussetzung, für die Navigation anhand einer Route reicht der Peilungszeiger auf der Kompass-Seite (☝ Voraussetzung ist die Einstellung *Luftlinie* in den Routingoptionen).

☺ Bei aktuellen Geräten in Verbindung mit routingfähigen topografischen Karten wird die Strecke entsprechend der Routingeinstellungen (☞ Seite 63) zwischen den Routenpunkten dagegen auf Straßen und Wegen berechnet.

Bei **Tracks** handelt es sich zunächst einmal um die Aufzeichnung der zurückgelegten Strecke durch den GPS-Empfänger, der bei aktivierter Trackaufzeichnung in regelmäßigen Abständen entsprechend der Voreinstellungen (☞ Seite 56) die Koordinaten speichert.

Über den Track-Manager können Sie gespeicherte Tracks auf der Karte anzeigen lassen und zur Navigation nutzen

Die Trackaufzeichnung ist in vielerlei Hinsicht nützlich. Hat man sich verirrt, kann sie, quasi als moderne Form der Brotkrümel von Hänsel und Gretel, dazu dienen, auf derselben Strecke zurück zum Ausgangspunkt zu führen (☞ Trackback-Navigation, Seite 85). Am Ende der Tour kann die Aufzeichnung auch abgespeichert und am PC bearbeitet, angezeigt und archiviert werden.

Während Routen für die Tourenplanung zunehmend an Bedeutung verloren haben, haben sich Tracks zum Quasi-Standard für den Austausch von GPS-Touren entwickelt. Praktisch alle Tourenportale im Internet bieten Tracks (im .gpx-Format) zum Download an und mittlerweile verfügen die meisten Kartenprogramme für den Computer über eine Funktion zum Zeichnen von Tracks.

Die einfachste Form, einen Track für die Orientierung zu nutzen, besteht darin, sich den entsprechenden Track auf der Karte anzeigen zu lassen und ihn nachzulaufen. Da der Positionsmarker jederzeit den eigenen Standort anzeigt, weiß man ganz genau, wo man sich gerade befindet. Für Wanderungen ist dieses Vorgehen sehr gut geeignet. Neuere Geräte erlauben auch eine einfache Form der Tracknavigation (☞ Seite 108).

Wo bin ich?
Den eigenen Standort als Wegpunkt speichern

Die Grundfunktion eines jeden GPS-Empfängers besteht darin, fortwährend aus den empfangenen Satellitensignalen die Koordinaten der aktuellen Position zu bestimmen. Alle weiteren Informationen wie z. B. die momentane Geschwindigkeit oder die Bewegungsrichtung werden daraus abgeleitet.

Den aktuellen Standort als Wegpunkt zu speichern, gehört zu den einfacheren Übungen im Umgang mit dem GPS-Gerät, sobald es ausreichend Satellitensignale empfängt.

Die genaue Vorgehensweise unterscheidet sich naturgemäß von Gerät zu Gerät und natürlich von Hersteller zu Hersteller.

Beim **TwoNav Terra** müssen Sie zuerst in den oberen Bildschirmrand tippen, um die Werkzeugleiste einzublenden. Tippen Sie dann rechts auf das Pinnadel-Symbol mit einem Stift darunter, um einen Wegpunkt an der aktuellen Position anzulegen.

Garmin-Geräte bieten zu diesem Zweck die Funktion *Wegpunkt markieren,* die Sie je nach Modell wie folgt aufrufen:

▷ **GPSMAP 60/62/64/65/66/67:** Mark-Taste drücken

▷ **eTrex Vista/Venture:** Joystick länger drücken

▷ **Oregon 600:** Schnellwahltaste (rechte Geräteseite unterhalb der Einschalttaste) drücken

▷ Bei **Oregon 450**, **Dakota**, **Montana**, **eTrex** und der **eTrex-Touch-Serie** finden Sie die Funktion *Wegpunkt markieren* im Hauptmenü.

▷ Beim **eTrex SE** müssen Sie zunächst kurz die Powertaste betätigen, um das Einschaltmenü zu öffnen und wählen dort den Eintrag *Wegpunkt* aus.

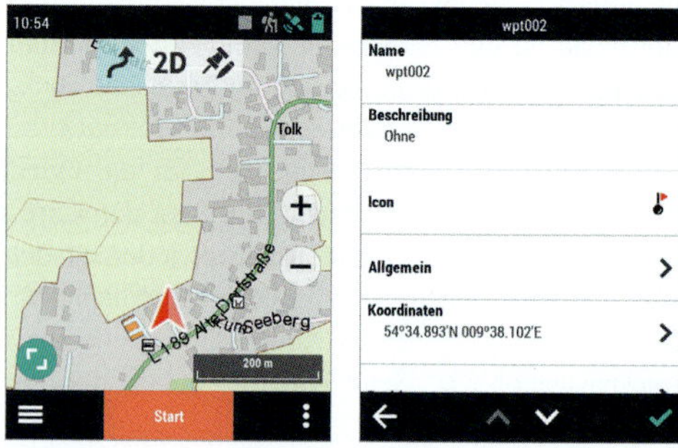

Wegpunkt markieren beim TwoNav Terra...

Die Folgeseite liefert dann eine Übersicht mit den Koordinaten, der Höhe, Datum, Uhrzeit und einem automatischen Vorschlag für den Wegpunktnamen sowie ein Symbol, mit dem der Wegpunkt in der Karte dargestellt wird. Sie können sowohl Namen als auch Symbol ändern und einen Kommentar ergänzen.

Erst wenn Sie diese Seite mit *Fertig* (bzw. dem Haken unten rechts beim TwoNav Terra) bestätigt haben, ist der Wegpunkt abgespeichert.

Die meisten GPS-Geräte nummerieren die Wegpunkte ausgehend von 001 automatisch durch und wählen als Standardsymbol meist ein kleines Fähnchen (oder das zuletzt verwendete Symbol).

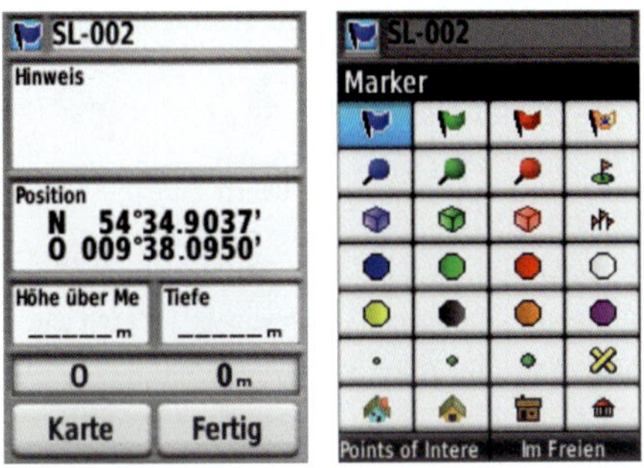

...und beim Garmin GPSMAP 65s.

Mit steigender Zahl an abgespeicherten Wegpunkten wird das schnell unübersichtlich. Allerdings sind auf der anderen Seite lange erklärende Wegpunktnamen nicht zu empfehlen, da diese viel Platz bei der Anzeige beanspruchen und einen großen Teil der Karte verdecken. Weitergehende Informationen zu einem Wegpunkt sind daher im Kommentarfeld besser aufgehoben.

Die Eingabe längerer Texte gestaltet sich allerdings in den meisten Fällen recht mühsam und selbst Touchscreen-Modelle bieten leider nicht den gleichen Komfort wie vom Smartphone gewohnt.

Als guter Kompromiss hat sich daher ein kurzes Präfix aus etwa drei Buchstaben zur Kennzeichnung der jeweiligen Tour oder Region gefolgt von der laufenden Nummer in Verbindung mit der Auswahl eines geeigneten Symbols bewährt. So lässt sich anhand des Wegpunktnamens mit einem Blick erfassen, um was für einen Wegpunkt (Parkplatz, Hütte, Aussichtspunkt etc.) es sich handelt. (Wenn man die Daten eines Garmin-GPS-Empfängers mit dem Garmin-Programm BaseCamp betrachtet, dann werden die Wegpunktsymbole auf jeden Fall korrekt übernommen und angezeigt. Bei Geräten anderer Hersteller/andere Software kann das unter Umständen anders sein.)

Weitergehende Einzelheiten halte ich dagegen unter dem entsprechenden Wegpunktnamen separat und ganz altmodisch in einem kleinen Notizbuch fest. Dieses Vorgehen hat zudem den Vorteil, dass die zusätzlichen Informationen bei der Übertragung zwischen GPS-Gerät und PC nicht verloren gehen und „weg-synchronisiert" werden können.

Die Genauigkeit verbessern

Befürchten Sie aufgrund der lokalen Gegebenheiten, z. B. weil Sie im Wald oder in einer tief eingeschnittenen Klamm unterwegs sind, einen schlechten Empfang, so sollten Sie vor dem Setzen eines Wegpunktes die Genauigkeit auf der Satellitenstatus-Seite überprüfen.

Steigern lässt sich die Genauigkeit bei Garmin-Geräten mithilfe einer Wegpunktmittelung. Dabei wird die Position über einen längeren Zeitraum mehrfach bestimmt und der Mittelwert daraus berechnet.

Bei der eTrex-Touch-Serie finden Sie die Funktion *Position mitteln* im Submenü auf der Detailseite beim Abspeichern des Wegpunktes. Bei Oregon/Dakota Geräten müssen Sie im Hauptmenü die Funktion *Wegpunktmittelung* bzw. *Position mitteln* auswählen. Bei der GPSMAP-Serie öffnen Sie durch zweimaliges Drücken der Menu-Taste das Hauptmenü und rufen die Funktion *Wegpunkt-Mittelung* auf. Im folgenden Bildschirm können Sie nun den gewünschten Wegpunkt auswählen oder durch Auswahl der Schaltfläche *Wegpunkt erzeug.* einen neuen Wegpunkt speichern.

Legen Sie dann das Gerät ruhig hin und warten Sie nach dem Start der Wegpunktmittelung, bis der Balken für die Messwertgenauigkeit 100 % erreicht hat. Bei älteren Geräten, die keinen solchen Balken einblenden, lassen Sie die Messung laufen, bis sich die Anzeige der gemittelten Position nicht mehr bzw. nur noch geringfügig ändert. Mit der Enter-Taste wird der präzise ermittelte Wegpunkt abgespeichert.

Bei der Wegpunktmittelung wird der Mittelwert einer Reihe von Positionsbestimmungen berechnet

Die höchste Genauigkeit erreichen Sie theoretisch mit einer Multi-Sample-Mittelung. Sie kommt für die Outdoorpraxis aber nicht infrage: Zwischen den vier bis acht Messungen sollte ein zeitlicher Abstand von mindestens 90 Min. liegen.

Die zurückgelegte Strecke aufzeichnen

Wenn Sie an jeder wichtigen Abzweigung oder Kreuzung einen Wegpunkt setzen, lässt sich die Tour schon recht gut nachvollziehen. Noch präziser und ganz ohne dass Sie etwas dafür tun müssen, erledigt das die Trackaufzeichnung. Sie lässt sich nicht nur zur Dokumentation der Tour nutzen, wenn Sie hinterher am Computer feststellen möchten, wo genau Sie denn herumgestapft sind, sondern bietet zudem zusätzliche Sicherheit, da Sie sich von der aufgezeichneten Strecke zurück zum Startpunkt leiten lassen können (☞ siehe Trackback, Seite 85).

Bei eingeschalteter Trackaufzeichnung (weitere häufig in diesem Zusammenhang verwendete Begriffe lauten je nach Hersteller aktueller Track, Track Log oder Active Log oder Reiseaufzeichnung) nimmt der GPS-Empfänger kontinuierlich die zurückgelegte Strecke auf und zeigt diese auf Wunsch auch auf dem Display an.

Das GPS-Gerät speichert dazu in regelmäßigen Abständen die Koordinaten der aktuellen Position, die in den meisten Fällen um weitere Daten wie Höhen- und Zeitinformationen ergänzt werden.

Unterwegs aufgezeichnete GPX-Tracks lassen sich in einem Kartenprogramm anzeigen und analysieren

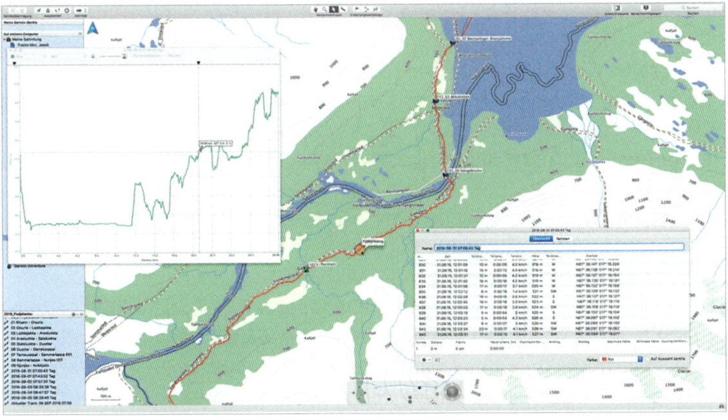

Die optimalen Einstellungen für die Aufzeichnungsart der einzelnen Trackpunkte – nach einem festgelegten Zeitintervall, z. B. alle 10 Sek., oder nach einer bestimmten Entfernung, z. B. alle 10 m – hängen von der jeweiligen Aktivität ab.

Einige Modelle bieten auch die Einstellung *Automatisch* und zeichnen die Trackpunkte dann in Abhängigkeit von der Häufigkeit der Richtungsänderungen auf (☞ Seite 56).

Die Spur aus eng beieinanderliegenden Trackpunkten (nicht zu verwechseln mit Wegpunkten) bildet den Streckenverlauf sehr genau ab und kann nachträglich ausgewertet werden, z. B. um das Höhenprofil zu erhalten, An- und Abstiege zu ermitteln oder die Durchschnittsgeschwindigkeit zu erfahren (☞ Seite 146).

GPS-Kauderwelsch

Leider zeigen sich die GPS-Hersteller sehr kreativ, was die Bezeichnung der wesentlichen Elemente angeht. So wird ein „Wegpunkt" je nach Hersteller zu „Favorit" oder „Lieblingsort". Besonders bunt trieb es in diesem Zusammenhang der Hersteller Satmap, denn hier werden „Wegpunkte" zu „POIs", unter denen praktisch alle anderen Hersteller bestimmte Sonderziele verstehen.

Auch bei den Tracks sieht es nicht besser aus. Garmin und TwoNav nennen die aktuelle Trackaufzeichnung „Aktivität", bei Satmap heißt sie „Pfad" und ein gespeicherter Track „Strecke". Teasi benutzt dafür die Bezeichnung „Trip".

Sie sehen schon: Es herrscht heilloses Durcheinander. Studieren Sie unbedingt das Handbuch Ihres Geräts, um herauszufinden, welche Begriffe der jeweilige Hersteller im Einzelnen verwendet.

Die Trackaufzeichnung beginnt in vielen Fällen automatisch, sobald das Gerät eingeschaltet wurde und ausreichend Satellitensignale erfasst, oder es gibt eine z. B. auf der Karten-Seite oder in der Menüzeile prominent platzierte Schaltfläche in Form eines roten Kreises, um die Trackaufzeichnung zu starten.

Bei Garmin-Geräten finden Sie die Einstellungen zur Trackaufzeichnung je nach Modell wie folgt:

- ▷ **eTrex-Touch-Serie:** Auf der Karten-Seite auf den unteren Rand tippen, um das Menü aufzuklappen, dann *Start*
- ▷ **Oregon 600:** *Hauptmenü > Aktueller Track > Start*
- ▷ **GPSMAP 60, eTrex Vista/Venture**: *Hauptmenü > Tracks > Trackaufz. an*
- ▷ **Oregon 450, Dakota, GPSMAP 62/64/65/66/67, Montana, eTrex-Serie**: *Hauptmenü > Einstell. > Tracks > Trackaufzeichnung = Aufzeichnen (auf Karte anzeigen)* oder *Aufzeichnen (nicht anzeigen)*

Beim GPSMAP 65s legen Sie die Einstellungen der Trackaufzeichnung im Untermenü Tracks des Einstellungen-Menüs fest

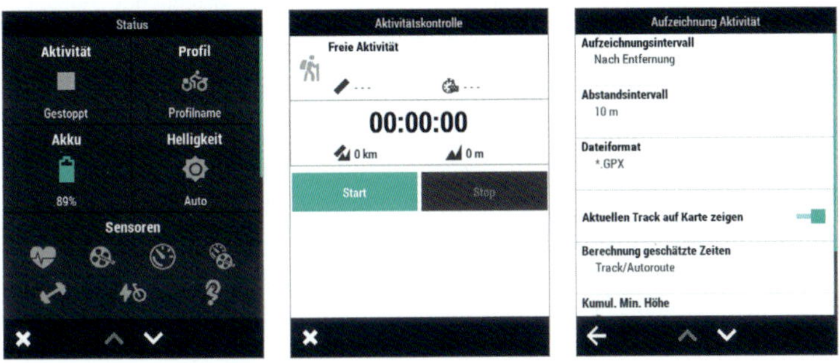

Beim TwoNav Terra starten Sie die Trackaufzeichnung durch einen Klick in die Statuszeile. Beim Stoppen wird der Track automatisch gespeichert.
Die Vorgaben für die Trackaufzeichnung werden im Menüpunkt Aufzeichnung Aktivität im Profile Aktivitäten Menü festgelegt.

Die aktuelle Trackaufzeichnung, das sogenannte Active Log, läuft kontinuierlich weiter und „sammelt" Trackpunkte, solange das Gerät eingeschaltet bleibt und Empfang hat. Aktuelle Geräte haben ausreichend Speicherplatz für 10.000 bis 20.000 Trackpunkte (☞ Tabelle Seite 77) und können daher selbst mehrtägige Touren aufnehmen.

Ist der Speicher voll, so wird – je nach Einstellung (☞ Seite 57) – der Track archiviert oder es werden die ältesten Trackpunkte durch neue überschrieben.

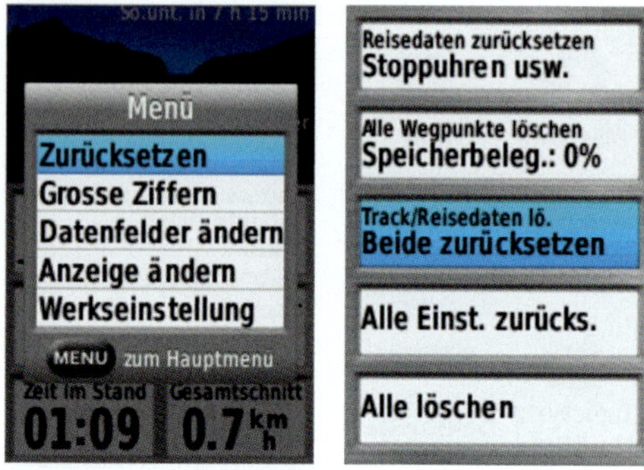

Beim GPSMAP 65s wechseln Sie zuerst mit der Page-Taste zum Reisecomputer und erreichen dann mit der Menü-Taste den Zurücksetzen-Bildschirm

Trotzdem sollten Sie zu Beginn einer neuen Tour die bestehende Aufzeichnung (und den Reisecomputer) zurücksetzen (ggf. Speichern nicht vergessen), damit der aktuelle Track den richtigen Startpunkt erhält und die Statistiken der aktuellen Etappe angezeigt werden.

Am Ende einer Tour kann der aktuelle Track abgespeichert werden. Bei Garmin-Geräten erledigen Sie das je nach Modell wie folgt:

- **eTrex-Touch-Serie:** Auf der Karten-Seite vom unteren Rand nach oben wischen, um das Menü aufzuklappen, dann *Stopp* > *Speichern* (Disketten-Symbol)
- **GPSMAP 60, eTrex Vista/Venture:** *Hauptmenü* > *Tracks* > *Speichern (ges. Track)*
- **Oregon, Dakota, GPSMAP 62/64/65:** *Hauptm.* > *Track-Manager* > *Akt. Track* > *Track speichern*
- **GPSMAP 66/67:** Drücken Sie auf den Hauptseiten die Taster ENTER und wählen Sie *Stopp.*

Einige ältere Geräte (z. B. das GPSMAP 60) reduzieren beim Abspeichern die Zahl der Trackpunkte oder verwerfen zusätzliche Trackdaten wie Datum, Uhrzeit oder Geschwindigkeit. Bei den aktuellen Geräten übernehmen die gespeicherten Tracks aber in der Regel die kompletten Daten der Trackaufzeichnung.

Die gespeicherten Tracks finden Sie im Track-Manager, wo Sie sie umbenennen, löschen oder auf der Karte anzeigen lassen können. Als Standardformat für Tracks hat sich das Format mit der Endung .gpx etabliert.

	eTrex 22x/32x	GPSMAP 67	Montana 700
Wegpunkte	2.000	10.000	10.000
Routen	200	250	250
Trackaufzeichnung	10.000 Punkte, 200 gespeicherte Tracks	20.000 Punkte, 250 gespeicherte GPX-Tracks, 300 gespeichert Fit-Aktivitäten	20.000 Punkte, 250 gespeicherte GPX-Tracks, 300 gespeichert Fit-Aktivitäten

Aktuelle GPS-Geräte besitzen so viel Speicherplatz, dass sie selbst mehrtägige Touren aufzeichnen können

Beim GPSMAP 65s finden Sie die Speichermöglichkeit im Track-Manager. Anschließend werden Track und Reisedaten auf Wunsch automatisch zurückgesetzt.

Die gespeicherten GPX-Tracks lassen sich mit geeigneten Kartenprogrammen wie z. B. Garmin BaseCamp, aber auch Google Earth anzeigen (☞ Seite 145). Neben der Darstellung des Streckenverlaufs auf der Karte sind weitere Auswertungen (Durchschnittsgeschwindigkeit, Höhenprofil etc.) möglich. Auch praktisch alle Tourenportale im Internet arbeiten mit Tracks.

Die GoTo-Funktion ist kinderleicht zu bedienen und leistet nicht nur beim Geocachen gute Dienste

Wie komme ich ans Ziel?

GPS-Geräte eröffnen mannigfaltige Navigationsmöglichkeiten, um ans gewünschte Ziel zu kommen:

- ▷ Die im Folgenden vorgestellte GoTo-Funktion zeigt den direkten Weg (Luftlinie) zum angestrebten Ziel.
- ▷ Mit einer selbst geplanten oder aus dem Internet heruntergeladenen Route lotst Sie das GPS-Gerät von Wegpunkt zu Wegpunkt.
- ▷ Auf modernen, routingfähigen Geräten mit entsprechender Karte reicht die Eingabe des Zielortes, damit das Gerät selbstständig eine Strecke entlang von Straßen und Wegen berechnet und Sie dann darauf leitet.

- ▷ Die aktuelle Trackaufzeichnung kann genutzt werden, um auf derselben Strecke in entgegengesetzter Richtung zurück zum Ausgangspunkt zu finden.
- ▷ Mit einem Track (z. B. aus einem Tourenportal) lässt sich eine bekannte Strecke nachlaufen.

Direkte Navigation zu einem Wegpunkt (GoTo)

Das direkte Ansteuern eines Wegpunktes stellt die wohl einfachste Variante dar, um sich von einem GPS-Gerät ans Ziel leiten zu lassen.

Sind von zwei Punkten die Koordinaten bekannt, so kann das GPS-Gerät den Kurswinkel und die Entfernung dazwischen berechnen. Die Koordinaten des aktuellen Standorts sind dem GPS-Gerät automatisch bekannt. Alles, was Sie jetzt noch brauchen, sind die Koordinaten des Ziels. Dazu können Sie entweder einen gespeicherten Wegpunkt nutzen oder bei Geräten mit Kartendarstellung einen beliebigen Punkt auf der Karte auswählen oder die Koordinaten (z. B. der nächsten Hütte) aus der Papierkarte auf das GPS-Gerät übertragen (☞ Seite 88).

Um die hier vorgestellte direkte Wegführung zu nutzen (z. B. weil Sie mit dem Kanu einen größeren See auf kürzester Strecke überqueren möchten, den Ausgang aus dem See am gegenüberliegenden Ufer aber nicht erkennen können), müssen Sie die automatische Routingfunktion deaktivieren (☞ Seite 59), ansonsten berechnet das GPS-Gerät ausgehend vom aktuellen Standort eine Strecke über Wege und Straßen zum ausgewählten Wegpunkt – im Beispiel würde es Sie nicht quer über den See, sondern auf den Wegen entlang der Ufer darum herumführen.

Beim TwoNav Terra aktivieren bzw. deaktivieren Sie das Auto-Routing im Menü Einstellungen > Profile Aktivitäten > Autoroute

Beim Garmin GPSMAP 65s wählen Sie für die direkte Wegführung die Funktion Luftlinien-Routing im Routing-Menü

Die Navigation zu einem Wegpunkt starten Sie in der Regel im Wegpunktmanager. Bei älteren Garmin-Geräten finden Sie die Funktion, um zu einem Wegpunkt zu navigieren entweder im Wegpunktmanager oder unter der Bezeichnung *GoTo* oder *Go*. Mit der aktuellen Geräte-Generation funktioniert es so:

- ▷ **Garmin eTrex SE:** Blättern Sie im Hauptmenü mit den Pfeil nach oben/Pfeil nach unten-Tasten zum Eintrag *Navigieren* und wählen Sie anschließend erst die Kategorie *Wegpunkte* und dann den gewünschten Wegpunktnamen aus. Drücken Sie *OK*, um das Optionsmenü zu öffnen. Mit der Schaltfläche *Los* startet die Navigation.
- ▷ **Garmin GPSMAP 65s:** Drücken Sie die Find-Taste und wählen Sie den Eintrag *Wegpunkte*. Markieren Sie dann den gewünschten Wegpunkt, sodass er blau hinterlegt ist. Bestätigen Sie mit der Enter-Taste und beginnen Sie die Navigation auf der folgenden Seite mit der Schaltfläche *Los*.

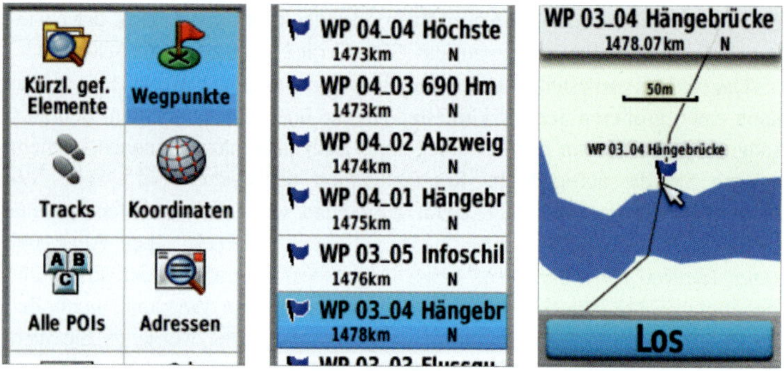

Bei Garmin GPSMAP-Geräten lässt sich die Navigation zu einem Wegpunkt mit drei Tasten starten

Beim TwoNaw Terra tippen Sie in der Kartenansicht unten links auf die drei Striche, um das Menü zu öffnen und wählen Sie dann den Eintrag *Wegpunkte* aus. Blättern Sie nun zum gewünschten Wegpunktnamen. Die folgende Übersichtsseite präsentiert weitere Details zum ausgewählten Wegpunkt und durch das Antippen des Symbols mit den drei Punkten unten rechts wird das Kontextmenü geöffnet, wo der Eintrag *Ziel...* ausgewählt werden kann. Die rote Schaltfläche *Gehe zu* am unteren Bildschirmrand startet die Navigation.

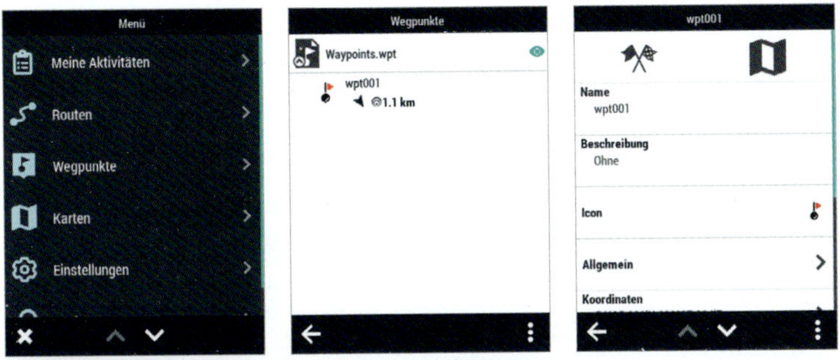

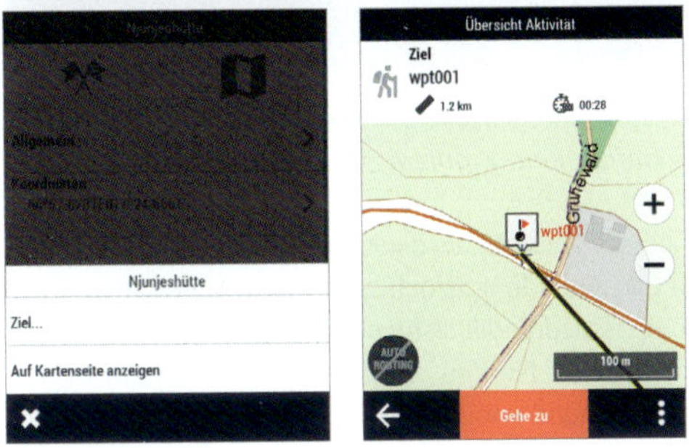

Beim TwoNav Terra finden Sie die Navigationsmenüs nach der Auswahl eines Wegpunktes im Kontextmenü

Der GPS-Empfänger wechselt nun zur Karten-Seite und zeigt eine Peilungslinie, die die aktuelle Position mit dem Ziel verbindet. Je nach Einstellung im Karten-Menü (☞ Seite 54) werden zusätzliche Datenfelder wie z. B. der Kurswinkel und die Entfernung eingeblendet.

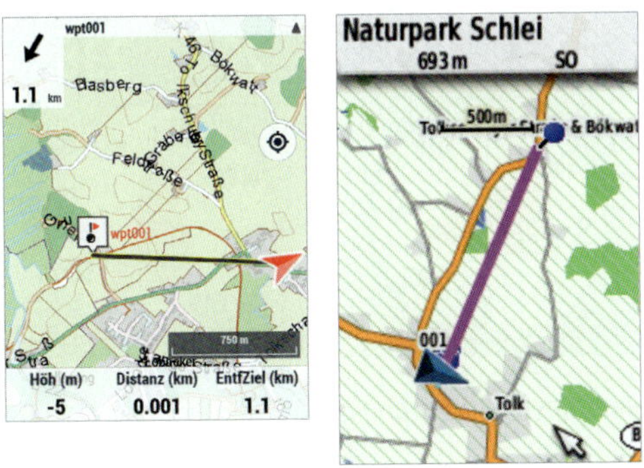

Auf der Karten-Seite wird eine Peilungslinie von der aktuellen Position zum Ziel angezeigt (links TwoNav Terra, rechts Garmin GPSMAP 65s)

Ausfahrt aus dem See oder eine Anlegestelle am gegenüberliegenden Ufer gesucht? Mit der GoTo-Navigation kein Problem!

Für die GoTo-Navigation besser geeignet als die Karten-Seite ist die Kompass-Seite mit dem Richtungspfeil. Die Abbildung ähnelt zwar einem klassischen Kompass, aber anders als eine Kompassnadel, die sich ja immer entlang der magnetischen Feldlinien ausrichtet und nach Norden zeigt, wird der Richtungszeiger ständig aktualisiert. Er zeigt, ausgehend vom aktuellen Standort, immer die richtige Richtung an, auch wenn Sie auf dem Weg ein Dickicht, einen Fluss oder ein anderes Hindernis umgehen müssen:

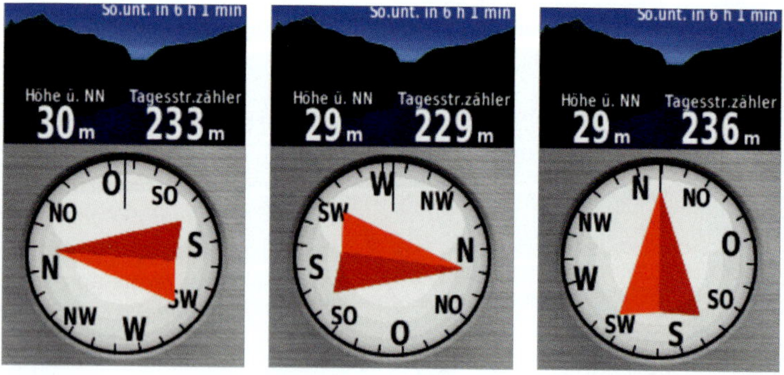

Auf der Kompass-Seite signalisiert der Richtungszeiger den Weg zum Ziel

- ▷ Zeigt der Richtungszeiger nach links, so müssen Sie sich links halten.
- ▷ Zeigt der Richtungszeiger nach rechts, so müssen Sie sich rechts halten.
- ▷ Zeigt der Richtungszeiger nach oben, so sind Sie genau richtig unterwegs und laufen direkt auf das Ziel zu.

☝ Zur Erinnerung: Geräte ohne (oder mit ausgeschaltetem) elektronischen Kompass können die Richtung im Stand nicht korrekt anzeigen. Sie müssen daher immer erst einmal ein paar Schritte laufen, bis der Empfänger anhand der Satellitensignale die Bewegungsrichtung ermittelt hat.

Um nicht ständig auf das Display schauen zu müssen, empfiehlt es sich, ein Zwischenziel auf dem Weg zu suchen und dieses anzusteuern. Dort angekommen, ziehen Sie dann wieder den GPS-Empfänger zu Rate und kontrollieren den Richtungspfeil, um sich dann von Zwischenstopp zu Zwischenstopp ans Ziel zu „hangeln“.

Peilungs- vs. Solllinie

Je nach Gerät können Sie im Karten-Menü als Alternative zum Peilungszeiger auch eine Kurslinie (CDI) einstellen (☞ Seite 61), die den Startpunkt der GoTo-Navigation mit dem Ziel verbindet (= Sollkurs).

Das ist aber nur sinnvoll, wenn Sie auch tatsächlich den direkten Weg einschlagen können und zwischendurch keinen Hindernissen ausweichen müssen (z. B. bei der Überquerung eines Sees mit dem Kanu). Die Peilungslinie, die immer die Richtung von der momentanen Position zum Ziel anzeigt, ist daher in den meisten Fällen die bessere Einstellung.

Mit der GoTo-Navigation können Sie jeden beliebigen Punkt (neben Wegpunkten lassen sich u. a. auch POIs als Ziel auswählen) ansteuern und benötigen dazu wie eben gezeigt nur die Kompass-Seite. Diese Navigationsvariante eignet sich daher in erster Linie für das Durchwandern weiter Ebenen oder wie bereits erwähnt zum Überqueren von großen Wasserflächen und leistet auch auf älteren oder einfacheren Geräte ohne Kartendarstellung gute Dienste.

Aufgrund der zahlreichen weiterreichenden Navigationsmöglichkeiten aktueller GPS-Geräte wird die direkte Navigation zu einem Wegpunkt in der Outdoorpraxis aber eher selten gebraucht.

Praktisch ist sie unter anderem dann, wenn Sie einen kurzen Abstecher vom eigentlichen Weg machen möchten. Setzen Sie einfach dort einen Wegpunkt, wo Sie dem Trail den Rücken kehren. Nach der Entdeckungstour abseits des Weges finden Sie dann unkompliziert dorthin zurück und können die Wanderung fortsetzen.

So simpel und praktisch diese Navigationsmethode auch ist, behalten Sie unbedingt im Hinterkopf, dass die angezeigte Richtung der Luftlinie zum Ziel folgt. Das dazwischenliegende Gelände wird nicht berücksichtigt und es können durchaus weite Umwege erforderlich sein, um Hindernisse zu umgehen, bevor Sie das Ziel erreichen. Gerade im Gebirge und bei schlechter Sicht sind Vorsicht und gesunder Menschenverstand gefragt, um in unwegsamem Gelände nicht abzustürzen, wenn sich Ihnen ein Steilhang in den Weg stellt!

Mit Trackback finden Sie selbst im Schneesturm sicher zurück

Peilen und Los

Garmin-Geräte mit integriertem Kompass bieten die Funktion *Peilen und los* **(Sight'n Go)**, die Sie nutzen können, um ein Ziel in Sichtweite anzusteuern. Dazu peilen Sie das Ziel mit dem Gerät an und speichern dann per Knopfdruck die Richtung.

Verlieren Sie auf dem weiteren Weg das Ziel aus dem Auge, so leitet Sie der Kurszeiger auf der Kompass-Seite weiter in die richtige Richtung. Aber Obacht: Da die Entfernung zum Ziel nicht bekannt ist, sind im Gegensatz zum Peilungszeiger bei der GoTo-Navigation – wie bei der Navigation per Kompass – keine Korrekturen möglich, falls Sie durch ein Hindernis dazu gezwungen werden, vom Kurs abzuweichen.

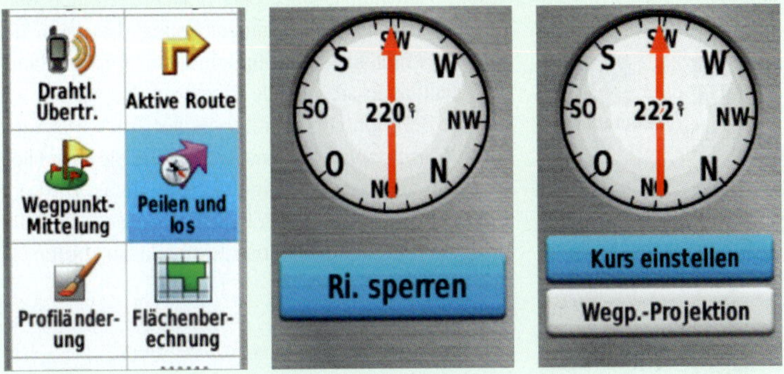

Wenn Sie, z. B. aus der Papierkarte, die Entfernung bis zum Ziel kennen, ist eine Wegpunktprojektion möglich und wie bei der GoTo-Navigation zeigt der Richtungszeiger dann kontinuierlich die richtige Richtung zum Ziel (☞ Seite 96).

Trackback: Zurück auf Los

Mit der GoTo-Navigation lässt sich jedes beliebige Ziel ansteuern, von dem die Koordinaten bekannt sind. Die Trackback-Navigation dagegen (bei Garmin TracBack genannt) dient dazu, eine bereits zurückgelegte Strecke wiederzufinden. Nehmen wir zum Beispiel an, Sie werden unterwegs von dichtem Nebel überrascht und müssen umkehren. Schon nach wenigen Schritten können Sie aber Ihre eigenen Fußspuren nicht mehr erkennen und sind nicht mehr sicher, ob Sie noch auf dem richtigen Weg sind.

Genau hier kommt die Trackback-Funktion ins Spiel, die Sie auf der exakt gleichen Strecke des Hinwegs in entgegengesetzter Richtung zum Startpunkt zurückleitet. Gerade bei schlechter Sicht und unwegsamem Gelände laufen Sie (im Gegensatz zur GoTo-Navigation in direkter Luftlinie) nicht Gefahr, dass sich Ihnen ein Bach oder eine Gletscherspalte in den Weg stellt.

Die Trackback-Funktion wird nicht von jedem Gerätehersteller angeboten. In diesen Fällen müssen Sie den aktuellen Track zuerst speichern (u. U. zunächst in eine Route umwandeln), um dann die Navigation zu starten.

Bei Garmin-Geräten erreichen Sie die Trackback-Navigation im Track-Manager. Sie finden ihn bei Dakota, eTrex-/eTrex-Touch-Serie, GPSMAP 62/64, Oregon und Montana im Hauptmenü. Wählen Sie dort den Eintrag *Aktueller Track* und *Karte anzeigen* bzw. *Aktuelle Aktivität.* Das Display präsentiert Ihnen nun eine Übersicht der Trackaufzeichnung. Drücken Sie dann die Enter-Taste bzw. tippen Sie die entsprechende Schaltfläche an, um die Trackback-Navigation zu starten. Bei Monterra-Geräten ist der Track-Manager unter *Garmin Apps* zu finden. Tippen Sie anschließend auf *Aktueller Track* und blättern Sie bis zur Kartenansicht. Tippen Sie dort auf *TracBack*, um die Navigation zurück zum Ausgangspunkt zu starten.

Die Trackback-Funktion wird über den Track-Manager gestartet

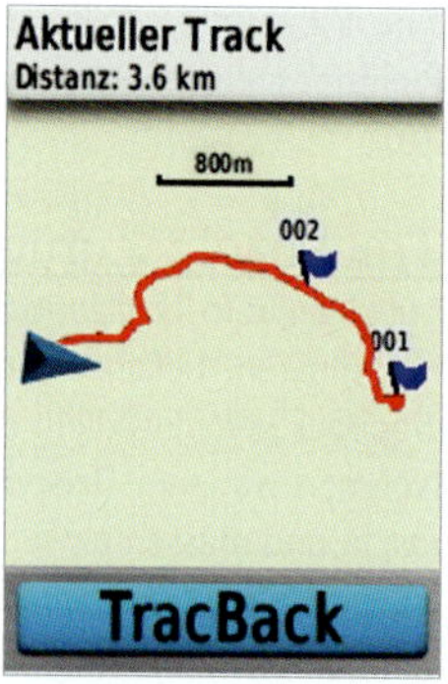

Checkliste: Die wichtigsten Handgriffe vor, während und nach der Tour

Vor dem Start:

1 Akkus laden und ausreichend Energiereserve einpacken
2 In Verbindung mit einer Papierkarte: Sind Koordinatensystem und Kartendatum richtig eingestellt?
3 Müssen Höhenmesser/Kompass kalibriert werden?
4 Ausreichend Satellitenempfang abwarten
5 Reisecomputer und Track zurücksetzen
6 Ggf. gewünschten Track zur Navigation laden oder Routenführung starten
7 Trackaufzeichnung starten

Unterwegs:

1 Ggf. Höhenmesser an Punkten mit bekannter Höhe (Gipfel, Hütten, etc.) manuell kalibrieren

Nach der Tour:

1 Trackaufzeichnung beenden
2 Aktuellen Track (im Track-Manager) speichern

Wieder zu Hause:

1 Bei älteren Garmin-Geräten müssen Sie unter Umständen den USB-Modus *MTP* oder *Massenspeichermodus* wählen, damit sie am Computer als Wechseldatenträger erkannt werden.
2 GPS-Gerät an PC anschließen
3 Garmin BaseCamp (oder entsprechendes Programm) starten
4 Track vom GPS-Gerät importieren
5 Track auf der Karte überprüfen
6 Track am PC archivieren

Auch in der GPS-Ära hat die Papierkarte längst nicht ausgedient. Die Übersicht eines großen Kartenblatts kann kein GPS-Display vermitteln. Mit dem richtigen Know-how ergänzen sich analog und digital sogar prächtig.

GPS-Praxis III: Für Profis

Einen Ort von der Papierkarte ins GPS übernehmen

Das Ablesen der Koordinaten eines Punktes zählt zum grundlegenden Handwerkszeug im Umgang mit der Papierkarte. Auch in der Anfangszeit der GPS-Navigation, als es kaum andere Möglichkeiten gab, um an Wegpunkte zu kommen, gehörte das Hantieren mit Koordinatenpaaren zur täglichen Arbeit.

Inzwischen lassen sich ganze Touren aus dem Internet herunterladen (☞ Seite 116) oder Wegpunkte können in einer digitalen Karte einfach per Mausklick bestimmt werden. Bei modernen Empfängern mit Kartendarstellung ist das sogar unterwegs völlig unkompliziert mit einem Fingertipp an die gewünschte Stelle auf den Touchscreen oder per Joystickauswahl möglich.

Merken Sie während der Tour, dass Sie vom ursprünglichen Plan abweichen müssen, oder wollen Sie einen Abstecher zu dem See machen, den Sie gerade in der Karte abseits des Weges entdeckt haben, so ist der benötigte Wegpunkt schnell angelegt. Mit dem Ablesen von Koordinaten oder gar der Umrechnung zwischen verschiedenen Koordinatensystemen brauchen Sie sich dafür nicht herumzuschlagen. Das erledigt der GPS-Empfänger im Hintergrund nebenbei und ganz automatisch, ohne dass Sie sich weiter darum zu kümmern brauchen.

Auch wenn das Ablesen eines Koordinatenpaares von einer Papierkarte aus den genannten Gründen in Vergessenheit geraten ist, lohnt es sich, diese Fähigkeit zu trainieren. Das gilt insbesondere, wenn Sie ein Einsteiger-GPS-Gerät ohne Kartendarstellung benutzen, denn hier haben Sie unterwegs keine andere Möglichkeit, um neue Wegpunkte anzulegen. Aber selbst bei aktuellen Geräten mit Kartendarstellung kann es unter Umständen erforderlich werden, einen Punkt von der Papierkarte ins GPS zu übertragen (oder umgekehrt anhand der am Display abgelesenen Koordinaten den aktuellen Standort in der Papierkarte zu finden).

Das ist zum Beispiel der Fall, wenn Sie in exotischere Regionen reisen, für die es gar keine digitale Karte gibt, oder aber, wenn Sie für eine kürzere Trekkingtour oder Wanderung, sagen wir im schwedischen Fjäll, nicht gleich die entsprechende topografische Karte für Ihr GPS-Gerät kaufen möchten. Statt die knapp € 180 für die digitale Schweden-Topo von Garmin zu berappen, installieren Sie eine kostenlose OSM-Karte auf dem GPS-Gerät und kaufen die benötigten Blätter der topografischen Karte vom schwedischen Landesvermessungsamt.

Gerade in dünn besiedelten Regionen sind die amtlichen, topografischen Karten in der Regel um einiges genauer und enthalten mehr Details als die freien, von Hobbykartografen zusammengestellten OSM-Karten. Stellen Sie nun vor Ort fest, dass die Hütte, die Sie spontan ansteuern möchten und deren Koordinaten Sie nicht kennen, nicht in der OSM-Karte auftaucht, können Sie die Koordinaten immer noch aus der Papierkarte einlesen und als neuen Wegpunkt im GPS-Gerät abspeichern, um dorthin zu navigieren.

Das UTM-Kartengitter

Voraussetzung, um eine Papierkarte zur GPS-Navigation nutzen können, ist ein aufgedrucktes Kartengitter. Es existieren allerdings unterschiedliche Koordinatensysteme. Aus dem Atlas oder vom Globus kennen Sie geografische Gitter mit Breiten- und Längengraden. Besser zum Ablesen von Koordinaten geeignet sind geodätische Gitter mit rechtwinkligen Achsen. Als Quasi-Standard für das Zusammenspiel von Papierkarte und GPS-Navigation hat sich das sogenannte

UTM-Gitter etabliert. Es sollte eigentlich auf nahezu jeder topografischen Karte neueren Datums aufgedruckt sein.

Das UTM-Gitter (= Universale Transversale Mercatorprojektion) unterteilt die Erde in 60 Zonen. Sie verlaufen in Nord-Süd-Richtung und umfassen jeweils 6 Längengrade. Sie werden, beginnend bei 180°, in östliche Richtung durchnummeriert

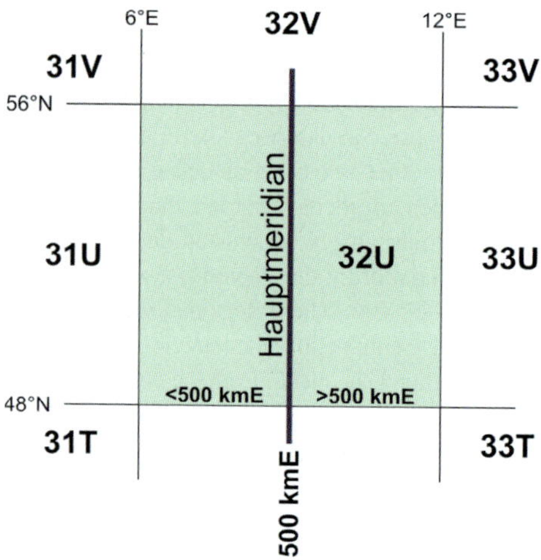

Jeder dieser Zonenstreifen ist zusätzlich in 20 horizontale Breitenbänder (= Felder) unterteilt, die jeweils 8° umfassen und von Süd nach Nord mit den Großbuchstaben C bis M (Südhalbkugel) und N bis X (Nordhalbkugel) gekennzeichnet werden. Die beiden Buchstaben I und O werden ausgelassen, um mögliche Verwechslungen mit I und 0 auszuschließen.

Jedes der 1.197 Zonenfelder wird durch Zonennummer und Breitenband eindeutig gekennzeichnet. Der größte Teil von Deutschland liegt im Zonenfeld 32U. Ostdeutschland liegt zum Teil in Zonenfeld 33U und die südliche Grenzregion in 32T.

Das UTM-Gitter gibt für jeden Punkt auf der Erde den Abstand zum Hauptmeridian der Zone in Metern sowie den Abstand zum Äquator an:

- ▷ Der **Rechts-** oder **Ostwert** ist der Abstand des betreffenden Ortes vom Hauptmeridian. Um negative Vorzeichen zu vermeiden, trägt der Hauptmeridian nicht den Wert 0, sondern 500 km.
- ▷ Der **Hoch-** oder **Nordwert** beziffert den Abstand zum Äquator in Kilometern bzw. Metern.

Der Rechtswert wird immer von West nach Ost (also von links nach rechts), der Hochwert stets von Süd nach Nord (also unten nach oben) gemessen.

Ablesen der UTM-Koordinaten auf der Karte

Um bei einer Karte mit UTM-Gitter die Koordinaten eines Ortes abzulesen, reicht im einfachsten Fall ein Lineal, wie Sie es z. B. an der Anlegekante eines Kompasses finden:

1. Die Zahlenangabe zum Rechts- oder Ostwert finden Sie jeweils am oberen bzw. unteren Kartenrand. Entscheidend ist hier die Gitterlinie links vom ausgewählten Punkt. Im Beispiel 584000 m E oder kurz 584 kmE (E = East).
2. Messen Sie nun den Abstand des Ortes zur links davon liegenden Gitterlinie. Im Beispiel sind das 1,3 cm = 13 mm.
3. Der Maßstab der Beispielkarte sei 1:50.000, d. h., 1 mm auf der Karte entspricht 50 m in der Natur. Für den Rechtswert gilt daher die einfache Rechnung 584000 m + Entfernung vom Gitter (13*50 m =) 650 m. Der Rechtswert ist also 584650.
4. Zum Ablesen des Hochwerts verfahren Sie entsprechend. Der exakte Hochwert beträgt 6018000 m + Entfernung vom Gitter (12*50 m =) 600 m. Der Hochwert im Beispiel beträgt also 6018600.

Das so ermittelte Koordinatenpaar können Sie nun in das GPS-Gerät übernehmen (☞ Seite 95).

Im rechtwinkligen UTM-Gitter können die Koordinaten einfach abgemessen werden

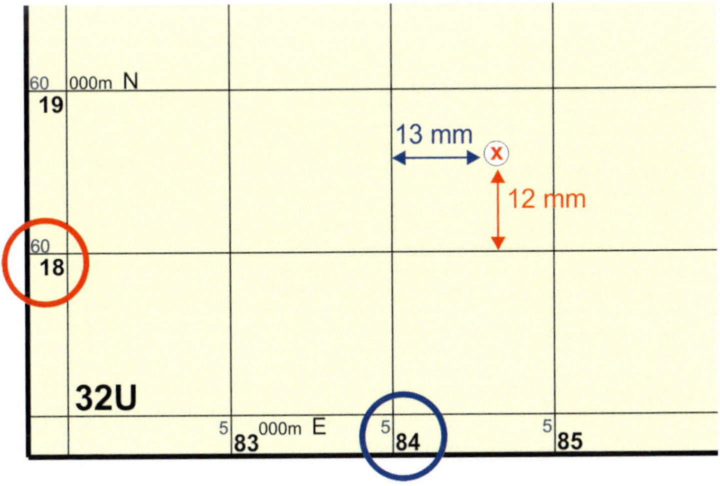

Die Arbeit mit einem Planzeiger

Wenn Sie häufiger Koordinaten zwischen GPS-Empfänger und Papierkarte hin und her übertragen (müssen), erleichtert ein Planzeiger die Arbeit enorm. Er besteht aus zwei rechtwinklig zueinander angeordneten Skalen, mit denen Sie Rechts- und Hochwert in einem Arbeitsschritt und ohne weitere Rechenarbeit ablesen können:

1 Legen Sie den Planzeiger mit der senkrechten Skala an den gewünschten Ort und richten Sie die waagerechte Skala an der nächsten waagerechten Gitterlinie unterhalb des Orts aus.
2 Der Rechtswert ist der Schnittpunkt der senkrechten Gitterlinie links vom Ort mit der waagerechten Skala.
3 Den Hochwert lesen Sie auf der senkrechten Skala am Ort selbst ab.

Der Planzeiger ist ein nützliches Hilfsmittel für die Kartenarbeit

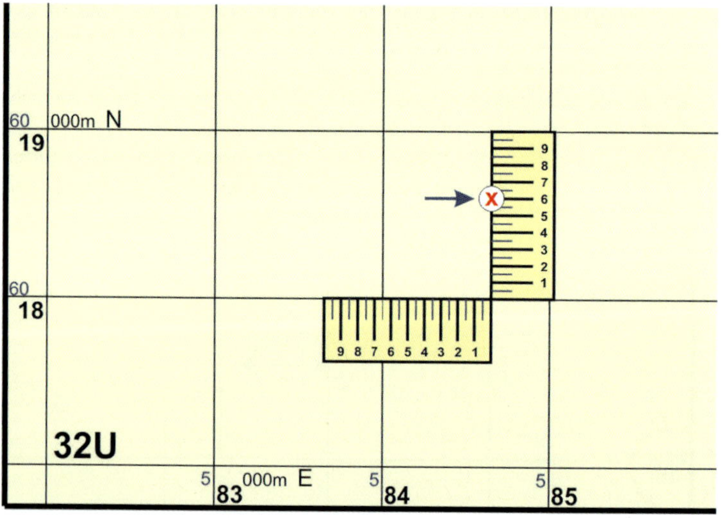

Natürlich benötigen Sie für jeden Kartenmaßstab einen eigenen Planzeiger. Planzeiger bekommen Sie z. B. in geografischen Buchhandlungen oder Outdoor-ausrüstungsläden. Im Shop des Alpenvereins können Sie einen passenden Planzeiger für die Maßstäbe 1:25.000 und 1:50.000 kaufen.

Weitere Koordinatensysteme und Einstellungen im Setup-Menü des GPS-Empfängers

Solange Sie ausschließlich mit dem GPS-Gerät navigieren, brauchen Sie sich in dessen Einstellungen-Menü nicht weiter um das verwendete Positionsformat und Kartenbezugssystem zu kümmern. Wollen Sie aber Koordinaten von der Papierkarte ins GPS übernehmen (oder umgekehrt), müssen Sie Positionsformat und Kartendatum entsprechend dem auf der Karte verwendeten Gitter einstellen, und zwar bevor Sie die Koordinaten eintippen.

1 Rufen Sie dazu das *Hauptmenü* und dort das Untermenü *Einstellungen* (oder je nach Gerät *Einrichten*) auf.
2 Wählen Sie dann den Menüpunkt *Positionsformat* (bei TwoNav: *Koordinaten*).
3 Wählen Sie das gewünschte Positionsformat, für das Beispiel im UTM-Gitter also *UTM UPS*.

Zusätzlich müssen Sie auch das Kartenbezugssystem (= Kartendatum) wählen. Es hat nichts mit dem Erstellungsdatum der Karte zu tun, sondern ist die mathematische Beschreibung für die Form des Erdkörpers. Wählen Sie ein falsches Bezugssystem, so kann der angezeigte Punkt trotz korrekt abgelesener Koordinaten deutlich von der realen Position abweichen und Sie finden Ihr Ziel unter Umständen nie!

Als weltweiter Standard hat sich auf praktisch allen neueren topografischen Karten der Rotationsellipsoid WGS84 (= World Geodetic System 1984) durchgesetzt. Er trägt der Tatsache Rechnung, dass die Erde keine perfekte Kugel, sondern aufgrund ihrer Rotation um die eigene Achse leicht abgeplattet ist.

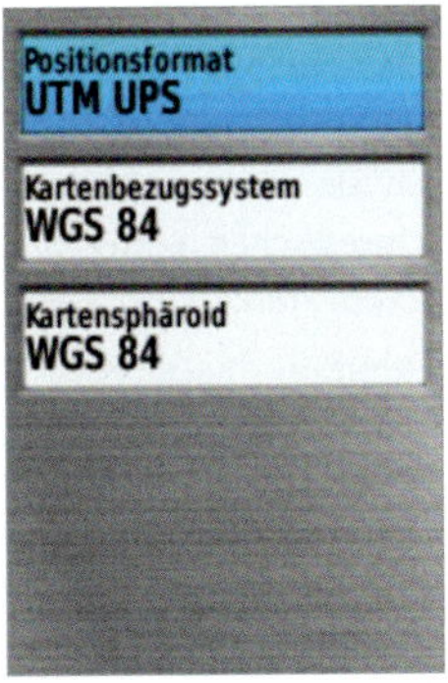

Als Standards für die GPS-Navigation haben sich weltweit UTM-Gitter und das Kartenbezugssystem WGS84 durchgesetzt

Neben dem UTM-Gitter gibt es unzählige geodätische Kartengitter mehr, denn viele Länder haben ein eigenes Gitter erstellt. Sie funktionieren zwar grundsätzlich nach dem gleichen Prinzip, unterscheiden sich aber in den Nullachsen sowie der Zählweise und dem zugrundeliegenden Kartenbezugssystem.

Andere Länder, andere Gitter

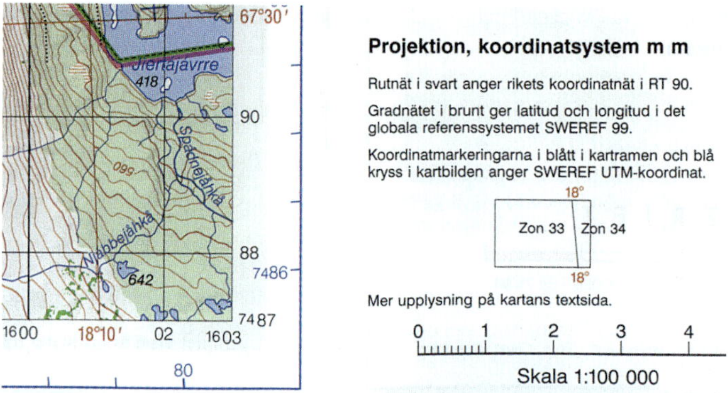

Sie werden damit in erster Linie konfrontiert, wenn Sie eine (ältere) ausländische Karte verwenden. Sind Sie z. B. bei einer Trekkingtour auf Kungsleden oder Padjelantaleden mit einer Karte vom schwedischen Landesvermessungsamt unterwegs, so wird dort das UTM-Gitter wie in der Abbildung zu sehen lediglich am Rand angedeutet. Wollen Sie nicht vor der Reise daran gehen, die angedeuteten Markierungen am Rand mit dünnem Stift und langem Lineal händisch zu einem vollwertigen UTM-Gitter zu verbinden, müssen Sie die Koordinaten im schwarz eingezeichneten schwedischen Gitter ablesen und die Vorgaben im Setup-Menü des GPS-Empfängers entsprechend anpassen.

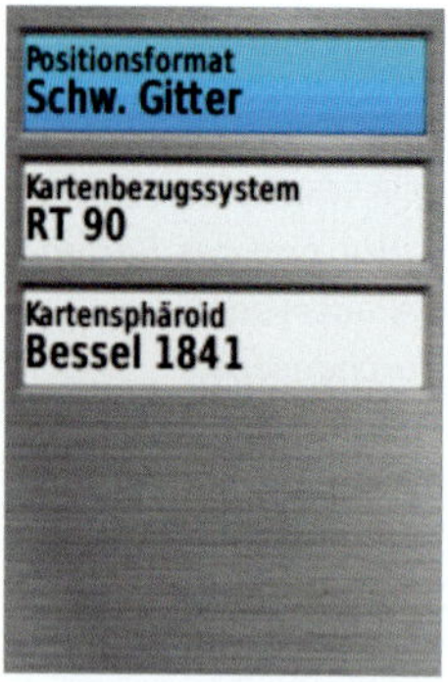

Sobald Sie als Positionsformat das schwedische Gitter auswählen, werden Kartendatum und Kartensphäroid automatisch angepasst und lassen sich nicht ändern

Aktuelle GPS-Empfänger haben eine Vielzahl unterschiedlicher Kartengitter und -bezugssysteme gespeichert. Dabei sind bestimmte Kartengitter z. T. fest mit einem bestimmten Kartendatum verbunden. Sobald Sie ein solches Gitter auswählen, wird das entsprechende Kartenbezugssystem automatisch eingestellt und lässt sich nicht ändern.

📖 Alles Wissenswerte über unterschiedliche Kartengitter und Koordinatensysteme sowie den Umgang mit Karte und Kompass finden Sie in kompakter Form im folgenden Buch: **Karte Kompass GPS** von Reinhard Kummer, Conrad Stein Verlag, Basiswissen für draußen Band 4, 16., Auflage 2021, ISBN 978-3-86686-685-0

UPS-Gitter (Universal Polar Stereographic)
Die Polgebiete jenseits von 84° N bzw. 80 °S sind im UTM-Gitter ausgeklammert, weil die Mercatorprojektion in den Polregionen zu starken Verzerrungen führt. Hier wird das UPS-Gitter verwendet. Sie stellen es in der Regel im Setup-Menü des GPS-Empfängers automatisch gemeinsam mit dem UTM-Gitter ein (Einstellung *UTM/UPS* bei Garmin).

Eingabe der Koordinaten am GPS-Gerät

Wenn Sie die Koordinaten abgelesen und sichergestellt haben, dass am GPS-Empfänger sowohl Kartengitter wie auch -datum mit der Papierkarte übereinstimmen, können Sie die Koordinaten eingeben:

1 Rufen Sie dazu die bereits bekannte Funktion *Wegpunkt markieren* auf (☞ Seite 70).

Koordinaten-Eingabe am GPS-Empfänger in drei Schritten

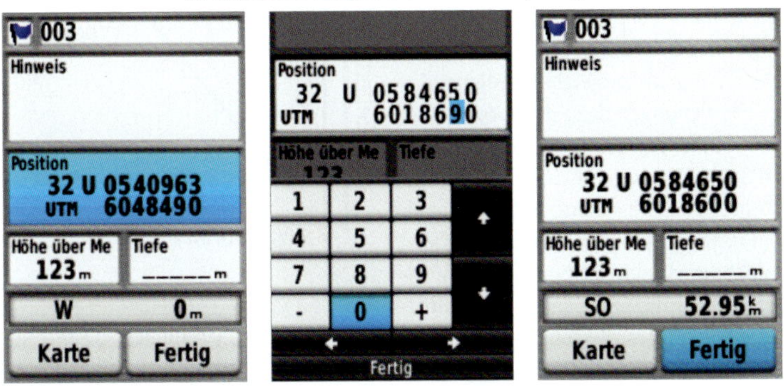

2 Wählen Sie nun auf der Folgeseite das Feld *Position* aus (das ja zunächst die Koordinaten des aktuellen Standorts zeigt). Bei Touchscreen-Geräten können Sie das Feld einfach antippen, bei Geräten mit Tastenbedienung wählen Sie das Feld mit den Pfeiltasten aus und drücken dann die Enter-Taste und können nun die aus der Karte abgelesenen Koordinaten (zuerst den Rechts-, dann den Hochwert) eingeben.

Format der Koordinaten bei unterschiedlichen Herstellern

Die genaue Anzeige/Eingabe der Koordinaten unterscheidet sich von Hersteller zu Hersteller geringfügig:

Garmin, TwoNav	**Satmap**
32 U 0584650	32 U 0 584650 E
6018600	6018600 N

Achten Sie bei der Eingabe unbedingt auf die richtige Ziffer für das Zonenfeld. Der Buchstabe für das Breitenband wird vom Gerät automatisch korrigiert (solange Sie auf derselben Erdhalbkugel bleiben).

3 Nachdem Sie die Koordinaten noch einmal überprüft haben, müssen Sie zunächst deren Eingabe bestätigen (Schaltfläche *Fertig* oder Häkchen) und zu guter Letzt noch den Wegpunkt abspeichern.

Wegpunktprojektion:

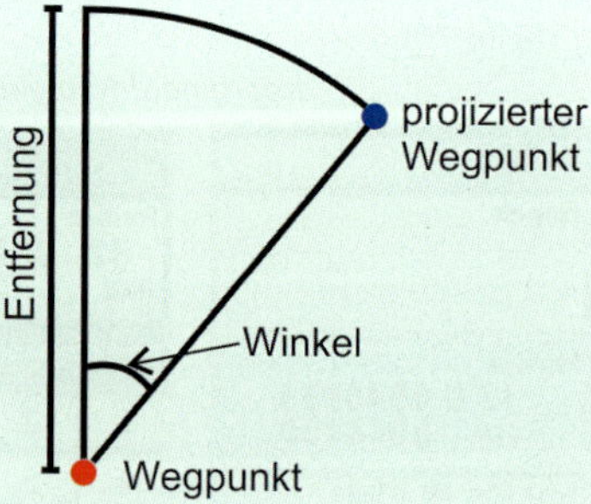

Wenn die verwendete Karte nicht über ein Kartengitter verfügt und Sie keine Koordinaten ablesen können, lassen sich zusätzliche Wegpunkte mithilfe einer Wegpunktprojektion bestimmen.

Sie benötigen dazu die Koordinaten des aktuellen Standorts (liefert das GPS-Gerät automatisch) und müssen zusätzlich in der Karte Richtung und Entfernung zum gewünschten Zielpunkt ermitteln. Nahezu alle GPS-Empfänger können einen Wegpunkt projizieren. Als Ausgangspunkt dient ein gespeicherter Wegpunkt. Gehen Sie dann wie folgt vor:

▷ **Garmin eTrex SE:** Blättern Sie mit den seitlichen Pfeil nach oben/Pfeil nach unten-Tasten durch das Hauptmenü bis zu Favoriten > Wegpunkte und wählen Sie den gespeicherten Wegpunkt. Drücken Sie anschließend OK und dann die Menü-Taste, um das Optionsmenü zu öffnen und wählen Sie dort *Wegp.-Projektion.* Legen Sie nun die Richtung fest, wählen Sie eine Maßeinheit und geben Sie die Entfernung ein. Mit OK wird der neue Wegpunkt abgespeichert.

▷ **Garmin GPSMAP 65s:** Drücken Sie zweimal auf die Menu-Taste, um das Hauptmenü zu öffnen und rufen Sie mit *Wegp.-Man..* den Wegpunkt-Manager auf. Wählen Sie den gewünschten Ausgangs-Wegpunkt aus und betätigen Sie die Menu-Taste erneut. Wählen Sie dann *Wegpkt.-Projektion* und geben Sie Peilung, Maßeinheit und Entfernung ein. Bestätigen Sie mit *Fertig* und speichern Sie den neuen Wegpunkt.

Einstellungen zur Wegpunktprojektion beim Garmin GPSMAP 65s

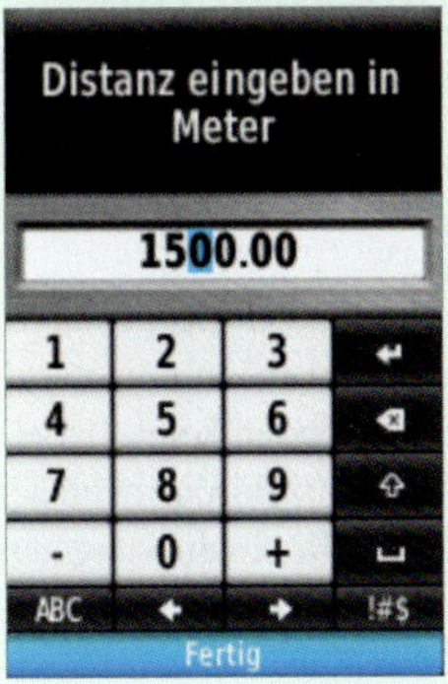

▷ **TwoNav Terra:** Öffnen Sie das Hauptmenü und tippen Sie auf den Eintrag *Wegpunkte*. Öffnen Sie auf der folgenden Seite mit einem Tipp auf das Drei-Punkte-Symbol unten rechts das Untermenü. Wählen Sie dort den Eintrag *Neuer Wegpunkt* und anschließend *Kurs*. Auf der folgenden Seite können Sie nun den Kurs in ° und die Entfernung in m zum Ziel eingeben. Anschließend müssen Sie dem Wegpunkt noch einen Namen geben und durch Antippen der OK-Fläche unten rechts abspeichern.

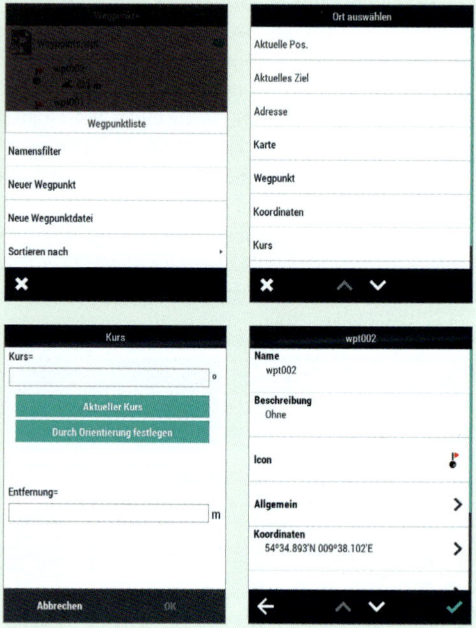

Wegpunktprojektion beim TwoNav Terra

Automatische Routenführung (Auto-Routing)

Der Begriff Auto-Routing ist etwas irreführend. Mit der automatischen Routenführung für Radfahrer und Wanderer dringen Outdoor-GPS-Empfänger zwar in die Sphären der Autonavis vor, aber mit dem Gefährt „Auto" hat das Ganze nichts zu tun.

Gemeint ist die automatische Berechnung einer Strecke von A nach B entlang des Wegenetzes und die sich anschließende Navigation, bei der das Gerät den Nutzer mit konkreten Abbiegehinweisen komfortabel ans Ziel lotst.

Inzwischen beherrscht die Mehrzahl der aktuellen Outdoor-GPS-Empfänger hardwaremäßig die automatische Routenführung direkt am Gerät. Das einzige aktuelle Garmin-Gerät, das ohne Routingfunktion auskommen muss, ist das Einsteigermodell eTrex SE.

1 Die Vorgaben für das Auto-Routing finden Sie bei Garmin-Geräten im Einstellungen-Menü.
2 Wählen Sie im Untermenü *Aktivität* die gewünschte Fortbewegungsart aus, z. B. *Fahrrad* oder *Wandern*. Die Einstellung *Luftlinie* ist der klassische Modus, hier führt der GPS-Empfänger auf direkter Linie ans Ziel, ohne das Gelände und Wegenetz zu berücksichtigen.
3 Legen Sie im nächsten Schritt die Rechenmethode fest (bei der Aktivität *Wandern* z. B. *Wenig Zeit*, *Geringe Distanz* oder *Geringer Anstieg*). Mit der Einstellung *Bestätigen* können Sie die Rechenmethode jeweils auswählen, sobald Sie eine Navigation starten.
4 Mit der Einstellung *Auf Straße zeigen* wird der blaue Positionsmarker in der Kartenansicht auf der nächstgelegenen Straße fixiert, das ist also nur sinnvoll, wenn Sie ausschließlich über Straßen fahren, z. B. mit dem Rad.
5 Kontrollieren Sie als Nächstes die Einstellungen unter *Vermeidung einrichten*, um festzulegen, welche Straßen- und Wegearten bei der Streckenführung gemieden werden sollen, und passen Sie sie Ihren Vorstellungen entsprechend an.
6 Mit *Routenneuberechnung Automatisch* berechnet das Gerät selbstständig einen neuen Streckenvorschlag, sobald Sie vom ursprünglichen Streckenverlauf abweichen. Mit *Bestätigen* weist das Garmin mit einem Dialog darauf hin, dass Sie von der Strecke abgekommen sind, und fragt nach, ob die Route neu berechnet werden soll.

Routingfunktion bei älteren Garmin-Geräten

Bei einigen GPS-Geräten (z. B. Garmin Dakota) weicht die Menüführung etwas ab:

1 *Hauptmenü > Einstellungen > Routing*
 ▷ *Routenpräferenz > Luftlinie* oder *Auf Straße nach Entfernung/Zeit*
 ▷ *Route berechnen für > Fußgänger, Fahrrad, Auto*

Sobald die Vorgaben für das Auto-Routing getroffen worden sind, können Sie das Ziel auswählen. Bei Garmin-eTrex-Touch-Modellen erreichen Sie die Zielauswahl über das Lupen-Symbol unten rechts auf der Hauptseite, bei GPSMAP-Geräten müssen Sie die Find-Taste drücken.

Als Ziel können Sie die unterschiedlichsten Elemente auswählen. Neben gespeicherten Wegpunkten können Sie auch einen POI wählen (z. B. Unterkünfte, Restaurants oder Sehenswürdigkeiten, die in der Karte vorhanden sind) oder die Zieladresse oder Koordinaten eingeben.

Im nächsten Schritt zeigt Ihnen das Display das gewählte Ziel auf einer Übersichtskarte und mit der Schaltfläche *Los* werden Routenberechnung und Navigation gestartet.

Als Hauptinstrument für die Navigation dient die Karten-Seite. Dort ist die berechnete Route mit einer

Die berechnete Strecke wird als magentafarbene Linie dargestellt

magentafarbenen Linie eingezeichnet. Sobald Sie sich in Bewegung setzen, wird am oberen Bildschirmrand das nächste Abbiegemanöver und die Entfernung dorthin angezeigt. Sollte dieses nicht der Fall sein, haben Sie wahrscheinlich die Anzeige der Hilfetexte im Karten-Menü ausgeschaltet (*Einstellungen > Karte > Erweiterte Einst. > Hilfetext > Beim Navigieren,* ☞ Seite 55).

Während Sie der Route folgen, informiert Sie das GPS-Gerät zusätzlich mit akustischen Hinweisen über anstehende Abbiegevorgänge. Ein erster Piepston signalisiert etwa 15 Sek. im Voraus, dass Sie sich einer Kreuzung nähern. Sind Sie dort angekommen, erklingt ein zweiter Signalton. Dieses Verhalten und die Art der Töne können Sie im Setup-Menü unter *Töne > Abbiegewarnungen* konfigurieren (☞ Seite 53).

Über den Menüpunkt Aktive Route im Hauptmenü erhalten Sie eine Übersicht aller anstehenden Abbiegevorgänge auf dem Weg bis an Ziel

Die Grenzen des Auto-Routings

Die Qualität des Routenvorschlags bei der automatischen Streckenführung für Outdoortouren steht und fällt mit dem digitalen Kartenmaterial.

Rasterkarten (z. B. Custom Maps, die Sie auf das Gerät geladen haben) sind grundsätzlich nicht routingfähig. Das ist auch der Grund, warum Satmap-Empfänger keine Auto-Routing-Funktion bieten.

Voraussetzung für die reibungslose Funktion ist eine Vektorkarte mit klassifiziertem Wegenetz. Dabei sind weit mehr Informationen nötig als lediglich Wegekreuzungen, denn nur wenn das Gerät „weiß", wie ein Weg beschaffen ist (schmal, breit, für die Befahrung mit dem Fahrrad geeignet), kann es sinnvolle Streckenvorschläge für unterschiedliche Outdoorunternehmungen machen. Ohne eine geeignete Karte sind daher selbst aktuelle Geräte mit hardwareseitiger Auto-Routing-Funktion nicht in der Lage, selbst Streckenvorschläge zu liefern.

Erste Wahl für Auto-Routing auf Garmin-Geräten ist die Garmin TOPO Deutschland, die ab der Version 3 routingfähig ist. Die aktuelle TOPO Deutschland V9 PRO ist auf dem gesamten Wegenetz routingfähig und macht individuelle Routenvorschläge für Wanderer, Mountainbiker oder Bergsteiger.

Routingfähig ist auch die aktuelle Version der TopoActive Europa, die auf vielen Geräten vorinstalliert ist. Allerdings fällt das Wegenetz hier im Vergleich zur Garmin TOPO Deutschland sehr viel dünner aus und eignet sich in erster Linie für die Navigation mit dem Rad. Schmale, insbesondere für Wanderungen geeignete Pfade sind dagegen eher Mangelware. Auch ein großer Teil der freien OSM-Karten ist inzwischen routingfähig, aber auch hier gilt: Das Gerät kann die Strecke nur über Wege führen, die es kennt.

Gut geplant ist halb gegangen

Aufgrund der Unzulänglichkeiten bei der automatischen Routenberechnung direkt am Gerät empfiehlt sich insbesondere für längere Touren eine Planung am Computer. Auch hier können Sie auf die bequeme Möglichkeit der automatischen Routenberechnung zurückgreifen.

Am großen Bildschirm ist es aber um einiges komfortabler, den Streckenvorschlag auf Plausibilität zu überprüfen und bei Bedarf durch das Einfügen einiger Zwischenziele an die eigenen Wünsche anzupassen (☞ Seite 141) oder einzelne Streckenabschnitte von Hand in die Karte einzuzeichnen.

Wichtig beim Übertragen der geplanten Route ist, dass das verwendete Kartenmaterial am Computer und GPS-Empfänger übereinstimmt. Sollte das nicht der Fall sein, können Sie die Route aber vor dem Übertragen auf das GPS-Gerät am Computer leicht per Mausklick in einen Track umwandeln. Der lässt sich dann sogar auf Geräten ohne Kartendarstellung nutzen.

Aus den genannten Gründen sollten Sie der automatischen Routenplanung Ihres GPS-Geräts nicht blind folgen und auf den gesunden Menschenverstand vertrauen. Prüfen Sie vor dem Loslaufen oder -fahren unbedingt den angezeigten Streckenvorschlag. Schon kleine Lücken im Wegenetz der Karte führen zu großen Umwegen. Mitunter sind die Streckenvorschläge unsinnig oder sogar gefährlich, z. B. wenn das GPS-Gerät Sie auf einer stark befahrenen Straße entlangführen will, obwohl nur wenige Meter nebenan ein ruhiger, mit dem Rad gut befahrbarer Weg durch den Wald verläuft.

In der Praxis hat sich das Auto-Routing insbesondere für kürzere Strecken mit dem Fahrrad als durchaus brauchbar erwiesen, z. B. wenn man auf einer Fahrradtour am Abend vom weit außerhalb gelegenen Campingplatz in die Stadt fahren möchte, um noch etwas essen zu gehen.

Für längere Wanderungen eignet sich diese Navigationsmethode in der Regel aber (noch) nicht, denn noch sind längst nicht alle Wege und Pfade auf den Karten erfasst. Außerdem ist der kürzeste oder schnellste Weg nicht zwangsläufig der landschaftlich reizvollste.

Navigation mit Tracks und Routen

Ursprünglich handelte es sich bei Tracks ausschließlich um eine Aufzeichnung der zurückgelegten Strecke. Inzwischen haben sich Tracks zum Standard für den Austausch von GPS-Touren gemausert. Praktisch alle Touren, die Sie aus dem Internet herunterladen (egal ob aus Tourenportalen oder von Websites von Fremdenverkehrsämtern oder Reiseführerverlagen) liegen als Tracks im GPX-Format vor.

Auch Strecken, die Sie auf einer digitalen Karte am PC geplant haben, können Sie als GPX-Track exportieren, sodass sich Tracks gut für die Orientierung auf Strecken nutzen lassen, die Sie bislang noch nicht selbst gelaufen sind.

Selbstverständlich ist auch eine Kombination daraus möglich und es ist kein Problem, einen fertigen Tourenvorschlag aus dem Internet von Hand auf der digitalen Karte nach den eigenen Wünschen anzupassen. (Mehr zur Tourenplanung am Computer lesen Sie im nächsten Kapitel ab ☞ Seite 114.)

Wie kommen GPS-Tracks, Routen und Wegpunkte auf das Gerät?

Ob Track, Wegpunkt oder Route, ob selbst am Computer geplant oder aus dem Internet heruntergeladen: Damit Sie den Track (oder die Route) zur Navigation nutzen können, muss er zunächst in den Speicher des GPS-Geräts übertragen werden. Eine bequeme Möglichkeit dazu bietet z.B. Garmins kostenlose Software BaseCamp (☞ Seite 130). Nachdem das Garmin-Gerät mit dem Computer verbunden ist, können Sie mit Hilfe des Menüpunkts *Vom Gerät empfangen* bzw. *An Gerät senden* einfach Wegpunkte, Routen und Tracks übertragen.

Es geht aber auch ganz ohne zusätzliche Software. Sobald Sie das GPS-Gerät mit einem USB-Kabel an den Computer anschließen, taucht dieses im Windows Explorer (bzw. Finder von Mac OS) wie ein USB-Stick oder eine Festplatte als eigenes Laufwerk auf. Sollte das nicht der Fall sein, haben Sie im Setup-Menü eventuell den falschen USB-Modus eingestellt (☞ Schnittstelle, Seite 49).

Jetzt brauchen Sie die GPS-Tracks nur noch in den entsprechenden Ordner zu kopieren. Bei Garmin-Geräten heißt der Ordner für Tracks, Routen, Wegpunkte oder Geocaches z. B. *\Garmin\GPX*. Der Name des Standard-Ordners bei Two Nav lautet *TwoNavData/Data*

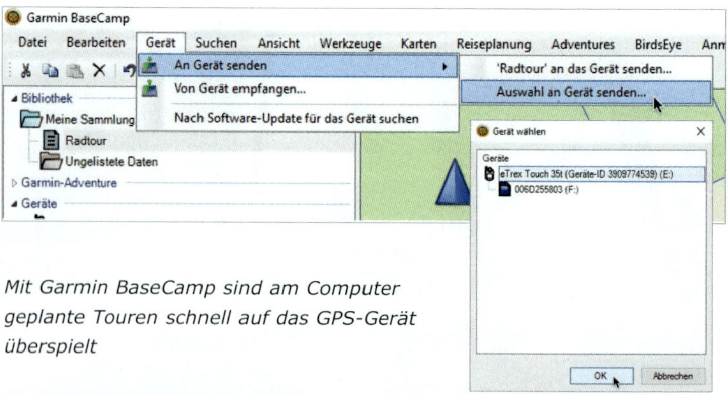

Mit Garmin BaseCamp sind am Computer geplante Touren schnell auf das GPS-Gerät überspielt

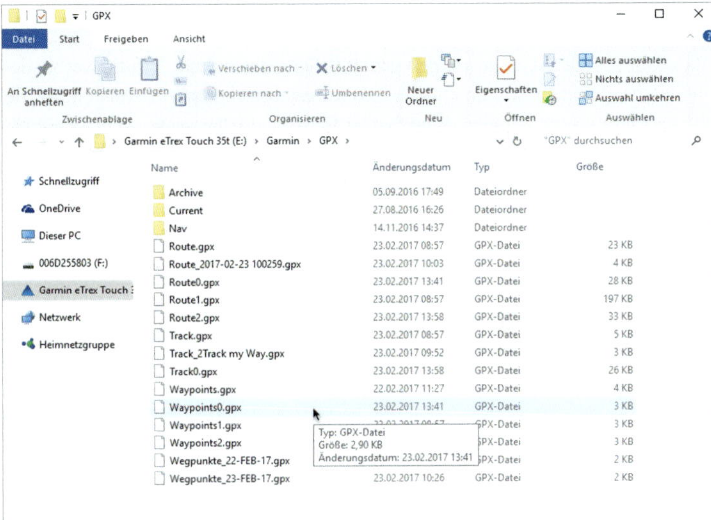

Die Mehrzahl der GPS-Geräte erlaubt den direkten Zugriff auf das Dateisystem

Ein bisschen Vorsicht ist angebracht bei GPX-Daten, die Sie aus dem Internet heruntergeladen haben. Diese Dateien kopieren Sie statt auf den internen Gerätespeicher besser auf die externe Speicherkarte (sofern vorhanden). Eine fehlerhafte GPX-Datei kann im schlimmsten Fall den Start des GPS-Geräts verhindern. Das habe ich leider selbst schon erleben müssen.

Befindet sich die Datei auf der Speicherkarte, können Sie diese einfach entfernen und in einem Speicherkartenleser am Computer den problembehafteten Track wieder löschen. Liegt die defekte Datei dagegen im internen Speicher, haben Sie ein echtes Problem. Wenn dann selbst ein Hardreset (☞ Seite 66) nicht hilft, muss das Gerät sogar zum Service.

☺ Ein weiterer Praxistipp in diesem Zusammenhang: Je mehr Dateien (Tracks usw.) sich auf dem Gerät befinden, desto länger dauert der Startvorgang. Daher ist hin und wieder Ausmisten angesagt. Verschieben Sie in regelmäßigen Abständen nicht mehr benötigte Tracks und Routen vom GPS-Gerät auf den Computer und archivieren Sie sie dort.

Datenaustausch bei älteren Geräten

Alle aktuellen GPS-Geräte werden via USB-Schnittstelle mit dem PC verbunden und lassen sich dann wie beschrieben als Massenspeicher am PC verwenden. Bei älteren Geräten mit serieller Schnittstelle funktioniert das nicht. Hier benötigen Sie unbedingt das entsprechende Programm des GPS-Herstellers für den Datenaustausch. Für ältere Garmins (z. B. Gecko) ist das die (eigentlich veraltete) Garmin-Software MapSource.

Gespeicherte Tracks auf der Karten-Seite anzeigen

Die einfachste Variante, um einen Track für die Orientierung zu nutzen, besteht darin, sich den gespeicherten Trackverlauf auf der Karte anzeigen zu lassen. Das ist zwar keine „echte" Navigation, funktioniert aber gerade beim Wandern ausgesprochen gut.

Das Anzeigen eines Tracks auf der Karte funktioniert je nach Hersteller und Modell etwas unterschiedlich, meist über den Track-Manager oder das Track-Menü:

- **eTrex 10/20/30/Touch, GPSMAP 62/64/65/66/67, Oregon, Dakota, Montana:** *Hauptmenü > Track-Manager > Track wählen > Auf Karte anzeigen (an)*
- **eTrex Vista/Venture, GPSMAP 60 (csx):** *Hauptmenü > Tracks > Track wählen >* Häkchen bei *Auf Karte anzeigen*

Um gespeicherte Tracks für die Orientierung zu nutzen, können Sie sich den Trackverlauf auf der Karte anzeigen zu lassen...

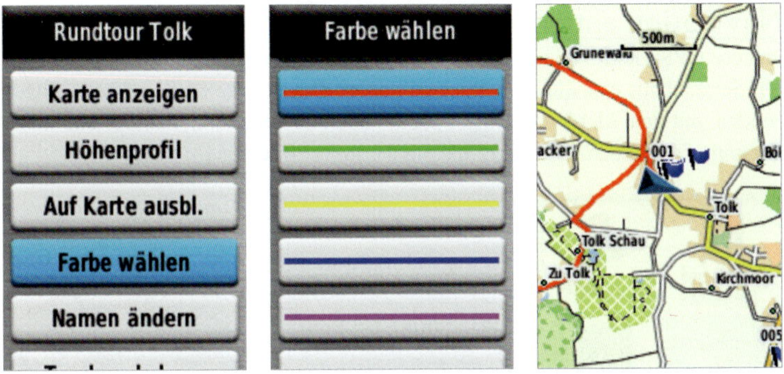

...und mit einer individuellen Farbe versehen. Unterschiedliche Streckenvarianten lassen sich so gut miteinander vergleichen

Sie können auch mehrere Tracks gleichzeitig in der Karte wählen und für jeden angezeigten Track eine andere Farbe aussuchen, so lassen sich z. B. auch unterschiedliche Streckenvarianten gut miteinander vergleichen.

Während der Wanderung brauchen Sie nun lediglich darauf zu achten, dass der blaue Positionspfeil, der Ihren momentanen Standort anzeigt, sich auf der farbigen Tracklinie bewegt.

Bei Bedarf lässt sich die Richtung eines Tracks mit Hilfe des Track-Managers umkehren und unter einem neuen Namen abspeichern

Navigation entlang von Tracks

Neuere GPS-Geräte erlauben über die bloße Darstellung des Tracks auf der Karten-Seite hinaus eine einfache Tracknavigation. Dazu rufen Sie den Track, je nach Modell, mit dem Menü Zieleingabe, dem Lupen-Symbol auf der Hauptseite (z. B. Garmin eTrex Touch) oder über die Find-Taste (z. B. GPSMAP) auf.

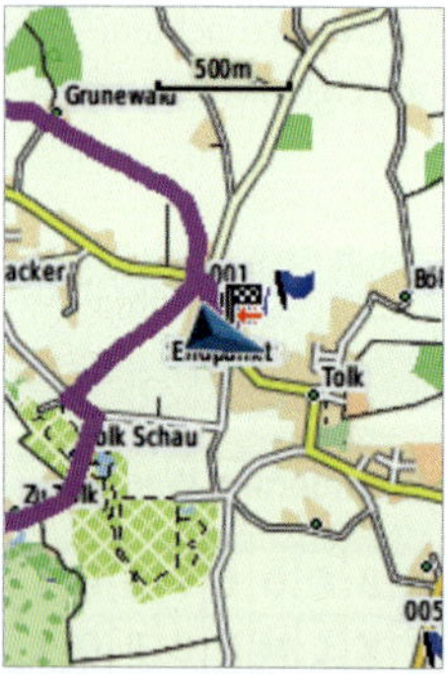

Nach der Auswahl eines Tracks als Ziel startet die Schaltfläche Los die Navigation

Auf der folgenden Seite präsentiert Ihnen das Gerät eine Übersichtsskizze des Wegverlaufs. Mit der Schaltfläche *Los* wird die Navigation gestartet. Auf der Karten-Seite wird der Track nun magentafarben unterlegt und auch bei der Tracknavigation können Sie den Fortschritt Ihrer Wanderung mit dem Positionsmarker auf der Karten-Seite verfolgen. Abbiegehinweise wie bei einer Routennavigation gibt es bei Garmin-Geräten aber leider nicht.

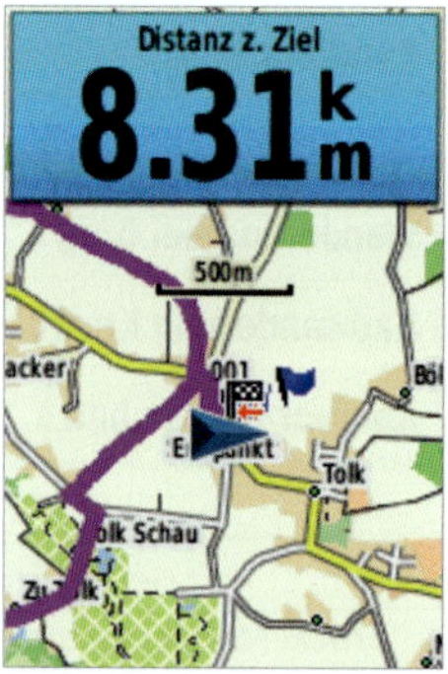

Die Kartenseite kann Datenfelder mit zusätzlichen Informationen über den aktuellen Track anzeigen

Als Zusatznutzen lassen sich aber immerhin weitere Datenfelder auf der Karten-Seite einblenden, mit der Sie den Fortschritt Ihrer Tour besser im Blick haben, z. B. in dem Sie sich die verbleibende Zeit oder Entfernung bis zum Endpunkt des Tracks anzeigen zu lassen.

Die Anzahl der Datenfelder lässt sich zwischen 1 und 4 einstellen. Welche Information das jeweilige Feld anzeigt, können Sie selbst bestimmen – die Auswahl ist groß.

Mit einem einfachen Druck auf die Menu-Taste öffnen Sie das Kontextmenü der Kartenseite und wählen dort den Eintrag *Karte einrichten*, um das Karten-Einstellungen-Menü aufzurufen. Im Bereich *Datenfelder* können Sie nun einstellen, ob 1, 2 oder 4 Datenfelder auf der Kartenseite angezeigt werden sollen.

Welche Information das jeweilige Feld anzeigt, können Sie selbst bestimmen. Rufen Sie dazu in der Kartenanzeige mit einem einmaligen Druck der Menu-Taste das Untermenü auf und wählen Sie den Punkt *Datenfelder ändern* mit der Enter-Taste aus. Markieren Sie dann mit den Pfeil-Tasten das gewünschte Feld, bis es dunkelblau unterlegt ist und bestätigen Sie mit der Enter-Taste. Auf der Folgeseite können Sie nun aus der Liste den gewünschten Datensatz auswählen, der angezeigt werden soll. Die Auswahl ist groß und man kann sich genau die Informationen zusammenstellen, die einen unterwegs am meisten interessieren.

Neben der Möglichkeit, die Anzahl der Datenfelder auszuwählen, stellt der Garmin GPSMAP 65s auch fertig konfigurierte Layouts abgestimmt auf unterschiedliche Aktivitäten zur Verfügung. Wählen Sie dazu im Bereich *Datenfelder* des Karten-Einstellungen-Menü den Eintrag *Anzeige*. Mit der Option *Höhenprofil*

Beim Garmin GPSMAP 65s stehen vorkonfigurierte Layouts zur Verfügung, z. B. für die Anzeige des mit dem Track gespeicherten Höhenprofils

wird so auch das mit dem Track gespeicherte Höhenprofil angezeigt und Sie wissen auf Wanderungen oder Fahrradtouren in den Bergen immer, welche Steigungen im weiteren Verlauf noch zu erwarten sind – und natürlich, was Sie schon geschafft haben.

Navigation mit Routen

Die Tracknavigation liefert schon wichtige Zusatzinformationen zum Streckenverlauf. Wollen Sie aber, z. B. mit dem Rad, eine geplante Tour nachfahren und unterwegs mit konkreten Abbiegehinweisen geführt werden, führt kein Weg an der Routen-Navigation vorbei.

Mit vorgeplanter Route lotst das Navi den Radler zielstrebig durch die Landschaft

Im Prinzip ist eine Route nichts anderes als eine Reihe von Wegpunkten, die zu einer Strecke verbunden werden. Sobald Sie einen Wegpunkt erreicht haben, wird automatisch die Richtung oder Strecke zum nächsten Wegpunkt angezeigt.

Vor Kreuzungen weisen akustische Signale und Hinweise auf dem Display auf

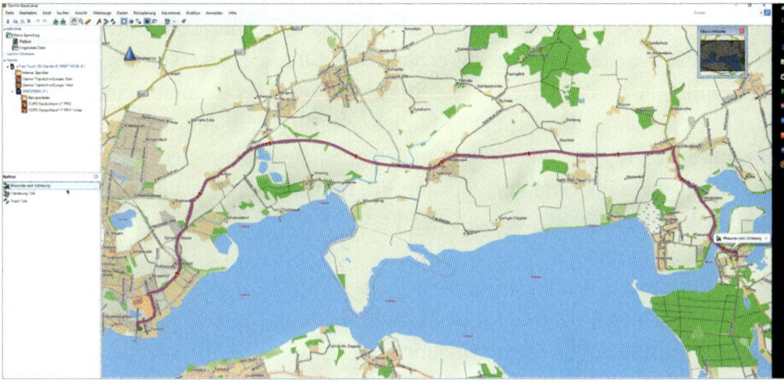

Am PC wurde mit BaseCamp eine Radtour mit der Auto-Routing-Funktion erstellt

Wenn Sie eine Route für die Navigation nutzen, führt der GPS-Empfänger eine eigenständige Streckenberechnung durch

Je nach Routingeinstellungen und installiertem Kartenmaterial kann es daher zu Abweichungen von der am Computer geplanten Route kommen

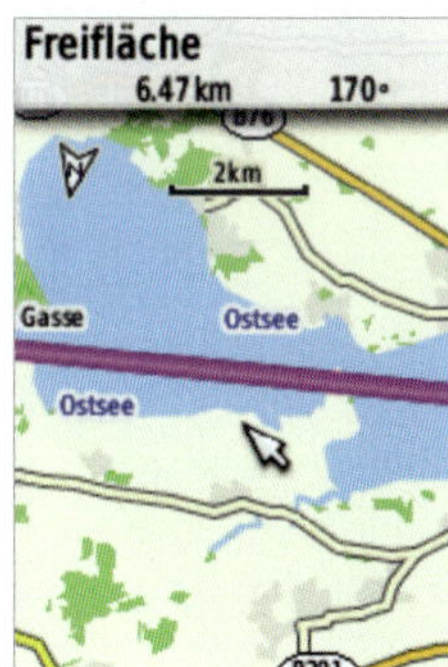

Ist beispielsweise die Routingfunktion Luftlinie aktiv, so wird nur der direkte Weg zwischen den einzelnen Wegpunkten angezeigt

den erforderlichen Abbiegevorgang hin. Je nach Gerät sind auch Sprachansagen wie vom Autonavi gewohnt möglich, z. B. über ein gekoppeltes Bluetooth-Headset oder beim TwoNav Terra über den eingebauten Lautsprecher.

Das hört sich zunächst einmal recht einfach und nachvollziehbar an. Und das war es auch für lange Zeit, nämlich solange alle GPS-Geräte standardmäßig immer die direkte Luftlinie zum nächsten Zwischenziel angezeigt haben.

Inzwischen bieten viele aktuelle GPS-Empfänger aber eine Auto-Routing-Funktion (☞ Seite 98) und berechnen die Strecke zwischen zwei Punkten selbstständig anhand des Wege- und Straßennetzes. Das ist ungemein praktisch, bringt aber so einige Tücken mit sich. Den je nach Routingeinstellung am Gerät und dem benutzten Kartenmaterial kann es durchaus vorkommen, dass der GPS-Empfänger eine am Computer geplante Route nicht 1:1 übernimmt und eigenmächtig abwandelt, z. B. weil auf der Karte im GPS-Gerät der entsprechende Radweg nicht vorhanden ist.

Am einfachsten vermeiden lässt sich das Problem, indem Sie sicherstellen, dass am PC und auf dem Gerät das gleiche Kartenmaterial verwendet wird und die Routingeinstellungen übereinstimmen.

Eine Routennavigation starten Sie wie gewohnt über die Zieleingabe (z. B. Lupen-Symbol auf der Hauptseite oder Find-Taste). Nachdem Sie den Routenverlauf auf der folgenden Übersichtsseite geprüft haben, starten Sie die Navigation wie gehabt mit der Schaltfläche *Los*.

Bei aktiver Routennavigation lässt sich auch der Richtungspfeil nutzen, um nicht vom geplanten Weg abzukommen

Routenplanung direkt am Gerät

Am GPS-Gerät lassen sich auch unterwegs neue Routen anlegen. Komfortabler ist die Planung am PC zuhause

Am komfortabelsten lässt sich eine Route am Computer planen, denn der große Monitor bietet schlicht eine bessere Übersicht als das kleine Display des GPS-Empfängers. Wollen (oder müssen Sie) unterwegs eine neue Route anlegen, geht das natürlich auch am Gerät selbst.

Die Funktion finden Sie in der Regel im Hauptmenü unter dem Icon *Route* oder *Routenplaner*. Wählen Sie hier *Route erstellen* und anschließend *Ersten Punkt wählen*. Nun können Sie den Pfeil auf der Karte mit den Richtungstasten positionieren und den Punkt mit der Enter-Taste markieren, um ihn in die Route zu übernehmen. Wiederholen Sie die entsprechenden Schritte, um weitere Routenpunkte anzulegen. Die Route wird automatisch gespeichert, eine separate Bestätigung ist nicht erforderlich.

Tourenplanung am Computer

An die Maus, fertig – los: Erst im Zusammenspiel mit einem Computer entfaltet ein GPS-Empfänger sein volles Potenzial. So können Sie neue Touren komfortabel planen, bereits gelaufene oder gefahrene Strecken analysieren und archivieren, neues Kartenmaterial übertragen und die Firmware Ihres Gerätes auf dem aktuellen Stand halten.

GPS-Touren im Internet finden

Die Grundlage für die GPS-Navigation auf längeren Unternehmungen bildet ein Track oder eine Route, also eine Abbildung des Streckenverlaufs in digitaler Form. Im Zweifel reicht unterwegs ein kurzer Blick auf das GPS-Gerät, um sicherzustellen, dass man noch auf dem richtigen Pfad unterwegs ist.

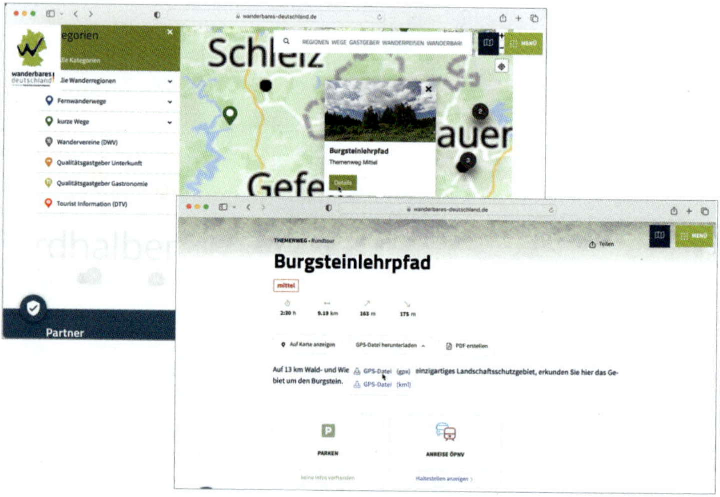

Die Informationen auf 💻 www.wanderbares-deutschland.de stammen von den offiziellen Betreuern der Wanderwege wie Wandervereinen oder Tourismusorganisationen

Die Website 💻 www.waymarkedtrails.org bietet eine Downloadmöglichkeit für den Streckenverlauf markierter Fernwanderwege in ganz Europa

Wenn Sie die Tour nicht selbst planen und sich das Zusammenklicken der Strecke auf der digitalen Karte sparen möchten, finden Sie im Internet fertige Routenvorschläge in Hülle und Fülle.

Ob Harz oder Nepal, ob Wanderung, Skitour oder Radurlaub: Das Angebot ist riesig. Wollen Sie einen bekannteren (Weitwander-)Weg oder Trekkingklassiker wie den korsischen GR20 laufen oder einen Radfernweg wie den Elberadweg unter die Räder nehmen, reicht es meist schon, den Tourennamen gefolgt vom Zusatz „GPX" in das Feld der Suchmaschine zu tippen. Doch Obacht: Die Qualität der angebotenen Tracks ist sehr unterschiedlich. Nicht immer sind sie auf dem aktuellen Stand und mitunter wurden sie im Nachhinein so stark vereinfacht, dass sie nicht mehr den exakten Streckenverlauf zeigen, sondern auch mal neben dem eigentlichen Weg liegen oder wilde Ausschläge aufweisen (z. B. wenn das GPS-Gerät des Nutzers, der die Tour bereitgestellt hat, unterwegs eingeschränkten Satellitenempfang hatte).

Auch kann es zu Problemen mit dem Dateiformat kommen und nicht jede GPX-Datei lässt sich auf jedem GPS-Empfänger öffnen. Beginnen Sie daher unbedingt rechtzeitig vor Reiseantritt mit der Suche nach den benötigten Tracks, öffnen Sie die Dateien schon vor dem Loslaufen (z. B. in Garmin BaseCamp) und prüfen Sie sie en détail. (✋ Prüfen Sie auch, ob Ihr Gerät die Menge der im Track vorhandenen Trackpunkte verarbeiten kann und den Track komplett anzeigt!

Ggf. muss die Anzahl der Trackpunkte entsprechend verringern bzw. gefiltert werden, ☞ Seite 149.)

Haben Sie einen durch den Deutschen Wanderverband zertifizierten Qualitätsweg ins Auge gefasst, können Sie sich auch unter 💻 www.wanderbares-deutschland.de den Wegverlauf als GPX-Datei herunterladen. Nach der Auswahl des gewünschten Qualitätswegs auf der interaktiven Übersichtskarte können Sie mit einem Klick auf die grüne Details-Schaltfläche genauere Informationen zur Wanderung abrufen und oben im Menü auch den Streckenverlauf wahlweise als KML-/ oder GPX-Datei herunterladen.

Geht es um lokale Wander- oder Radwege, so lohnt sich ein Blick auf die Website des Tourismusamtes für die jeweilige Region. Die Chancen, hier fündig zu werden, stehen nicht schlecht, denn immer mehr Fremdenverkehrsämter gehen dazu über, Tracks zu den lokalen Routen online zur Verfügung zu stellen.

Last but not least bieten auch Wanderführer- und Zeitschriftenverlage ihren Lesern als Zusatzservice oft eine Möglichkeit an, die GPS-Tracks zu den im Buch bzw. der Reportage beschriebenen Touren herunterzuladen. Beim Conrad Stein Verlag finden Sie die GPX-Tracks auf der Verlagshomepage 💻 www.conrad-stein-verlag.de direkt beim jeweiligen Buch.

Tourenportale im Internet: Fertige Tracks zum Herunterladen

Eine schier unerschöpfliche Sammlung an GPX-Tracks für die unterschiedlichsten Aktivitäten von Wandern über Radfahrern bis hin zum Paddeln bieten die zahlreichen Outdoortourenportale im Internet.

Hier reichen wenige Mausklicks, um die gewünschte Tour zu finden und den gesamten Wegverlauf herunterzuladen. Zusätzlich zur Möglichkeit, fertige GPS-Touren herunterzuladen, bieten viele der Seiten auch einen Online-Routenplaner, der bei der Planung einer individuellen Tour hilft.

Hier eine Auswahl etablierter Tourenportale zu den unterschiedlichsten Outdooraktivitäten:

- 💻 www.alpenvereinaktiv.com
- 💻 www.gps-tour.info
- 💻 www.alltrails.com
- 💻 www.komoot.de
- 💻 www.outdooractive.com
- 💻 de.wikiloc.com
- 💻 www.bikemap.net
- 💻 www.ich-geh-wandern.de
- 💻 www.bergfex.de

Die Streckenvorschläge und -beschreibungen stammen dabei aus ganz unterschiedlichen Quellen von ambitionierten Outdoorern, die ihre Lieblingstouren anderen zur Verfügung stellen, über professionelle Reiseautoren bis hin zu Tourismusverbänden.

Radroutenplaner

Mittlerweile betreiben eine ganze Reihe von Bundesländern spezielle Online-Radroutenplaner. Sie sind kostenlos und bieten dank „amtlicher“ Karten eine hohe Detailgenauigkeit und zuverlässige Informationen.

- Schleswig-Holstein: https://www.sh-tourismus.de/radfahren
- Mecklenburg-Vorpommern: https://radnetzplaner-mv.de/
- Niedersachsen: www.niedersachsen-radroutenplaner.de
- Nordrhein-Westfalen: www.radroutenplaner.nrw.de
- Hessen: www.radroutenplaner.hessen.de
- Thüringen: www.radroutenplaner.thueringen.de
- Brandenburg: https://landkarte-brandenburg.de/
- Rheinland-Pfalz: www.radwanderland.de
- Baden-Württemberg: www.radroutenplaner-bw.de
- Bayern: www.bayerninfo.de/rad

Da hier allerdings jedes Bundesland selbst Regie führt, unterscheiden sich die Angebote z. T. stark und während einige Länder nur das GPS-Material für ausgewählte Strecken anbieten, gibt es anderswo komfortable Routenplaner, die nach Eingabe von Start- und Endpunkt eine empfehlenswerte Strecke vorschlagen. In den meisten Fällen endet das Routing aber leider an der Landesgrenze oder zumindest kurz dahinter.

Die Website www.radroutenplaner-deutschland.de hat es sich zum Ziel gesetzt, die einzelnen System miteinander zu verbinden und eine durchgehende Streckenplanung über die Bundeslandgrenzen hinweg zu ermöglichen.

Aktuell sind die Bundesländer Baden-Württemberg, Bayern, Hessen, Nordrhein-Westfalen, Rheinland-Pfalz, das Saarland und Thüringen mit von der Partie.

Radroutenplaner, mit denen man sich sogar internationale Strecken berechnen lassen kann, sind z. B. www.naviki.org und maps.openrouteservice.org/

Schritt für Schritt: So finden und übertragen Sie eine GPS-Tour auf Ihr Gerät

Die folgenden Seiten zeigen Ihnen am Beispiel des Alpenvereins-Tourenportals, wie Sie Schritt für Schritt gezielt nach einer passenden Tour suchen und sie auf das GPS-Gerät übertragen.

1. Eine passende Tour suchen

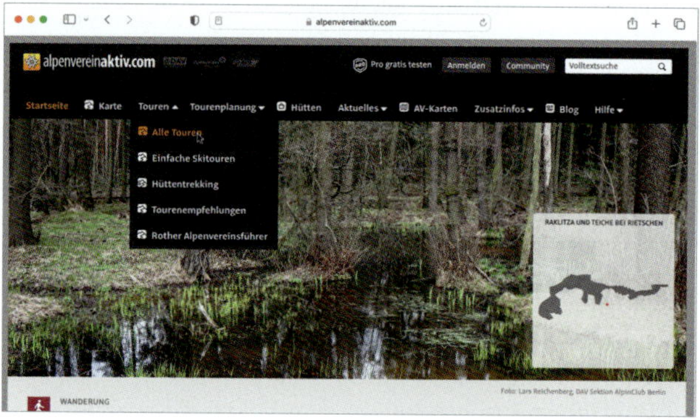

Das Tourenportal des Alpenvereins bietet passgenaue Tourenvorschläge für die unterschiedlichsten Aktivitäten

Rufen Sie zunächst im Internetbrowser das gewünschte Online-Tourenportal auf, im Beispiel 💻 www.alpenvereinaktiv.com. Um das Angebot nutzen zu können, müssen Sie wie bei den meisten Online-Tourenplanern zunächst ein Benutzerkonto anlegen und sich anmelden. Um GPS-Tourdaten herunterladen zu können, reicht die kostenlosen Basic-Variante, den vollen Funktionsumfang gibt es aber erst mit den kostenpflichtigen Pro und Pro+-Abos.

Mit der Auswahl *Alle Touren* aus dem Menü-Feld *Touren* können Sie sich das umfangreiche Angebot an fertigen Tourenvorschlägen anzeigen lassen. Um die überwältigende Anzahl von Vorschlägen einzugrenzen, können Sie durch Anklicken des entsprechenden Filterfelds die Touren zunächst auf die gewünschte Aktivität wie z. B. Wandern eingrenzen. Darüber hinaus stehen zahlreiche spezielle Kategorien mehr zur Wahl, darunter Bergtour, Mehrtagestour, Klettersteig, Winterwanderung oder sogar MTB-Transalp.

2. Tourauswahl eingrenzen

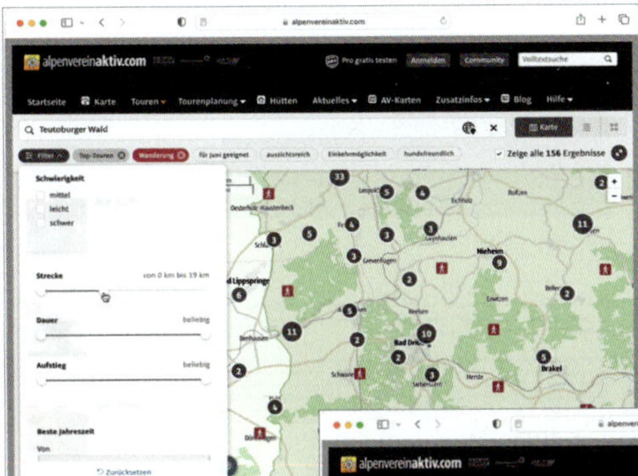

Mit zusätzlichen Suchkriterien lassen sich passgenaue Strecken entsprechend der eigenen Wünsche leicht finden

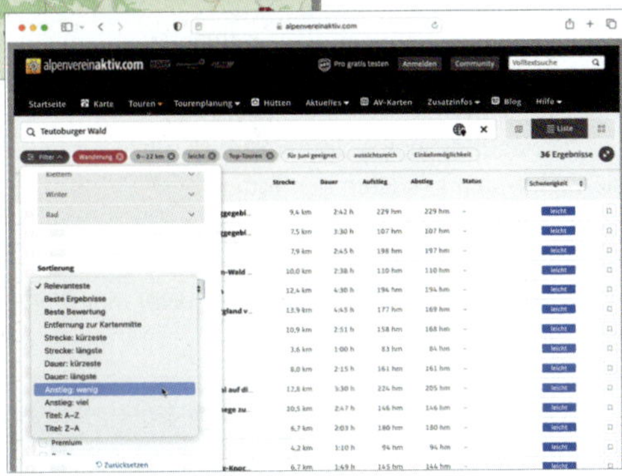

In der Listenansicht lassen sich die Touren nach dem Inhalt einzelner Spalten sortieren

Um die Ergebnisliste weiter einzugrenzen, können Sie die Tourensuche durch die Eingabe eines Ortsnamens im Suchfeld am oberen Bildschirmrand auf eine bestimmte Region beschränken. Über die Schaltfläche *Filter* oben rechts lassen sich die Touren zusätzlich gezielt nach bestimmten Kriterien wie dem Anstieg, der Streckenlänge oder der Dauer sowie bestimmten Eigenschaften, z. B. Rundtouren und Schwierigkeitsgrad, filtern. Sie bekommen daraufhin eine Liste mit allen Touren, die infrage kommen, und eine Übersichtskarte präsentiert. Mit Hilfe der Schaltflächen oben rechts können Sie zusätzlich in die Listen- oder Galeriedarstellung wechseln.

Im Filter-Feld können Sie die Abfolge der angezeigten Touren nach bestimmen Eigenschaften sortieren, z.B. um sich die Touren nach aufsteigender Streckenlänge geordnet anzusehen.

3. Details zur Tour einsehen

Hat eine Tour Ihr Interesse geweckt, rufen Sie mit einem Mausklick auf den Tourennamen eine ausführliche Beschreibung auf. Hier erfahren Sie alles Wissenswerte zum Charakter der Tour, eventuelle Einkehrtipps, Hinweise zu landschaftlichen Höhepunkten, den Anreisemöglichkeiten und vielem mehr. Neben dem in einer Kartenskizze eingezeichneten Tourenverlauf sehen Sie außerdem ein Höhenprofil und die wichtigsten Eckdaten der Tour.

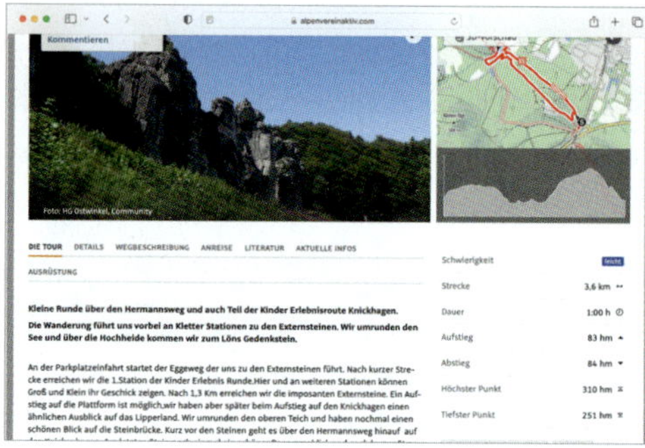

Die Tourenbeschreibung liefert detaillierte Infos

Tourenplanung individuell

Wenn Sie unter den Routenvorschlägen nicht fündig werden, können Sie auch eine Strecke auf der Bildschirmkarte einzeichnen und anschließend herunterladen. Klicken Sie dazu in der Menüleiste am oberen Bildschirmrand *Tourenplanung* an. Nun können Sie am linken Rand die gewünschte Fortbewegungsart, z. B. *Radfahren*, auswählen und zwei oder mehr Orte eingeben, um sich eine Strecke berechnen zu lassen. Alternativ können Sie die Strecke auch frei mit der Maus in die Karte einzeichnen.

Das Portal des Alpenvereins bietet auch einen komfortablen Routenplaner

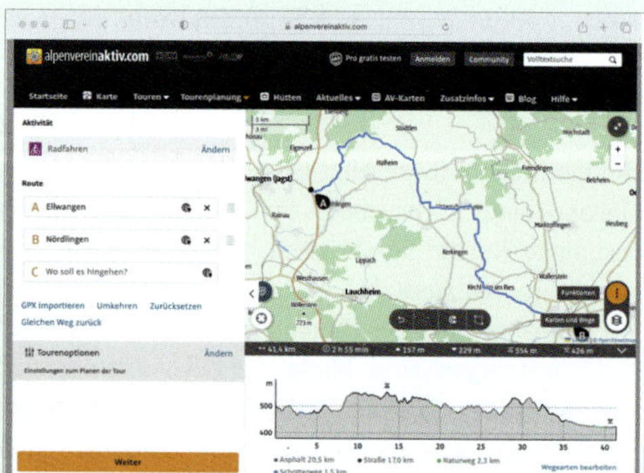

4. GPS-Track herunterladen

Entspricht die Tourenbeschreibung Ihren Vorstellungen, können Sie über einen Klick auf die mit drei Punkten markierten Schaltfläche oben rechts den Download starten und nach Bestätigung der obligatorischen Sicherheitsabfrage durch den Internetbrowser landet der Track auf der Festplatte Ihres Computers.

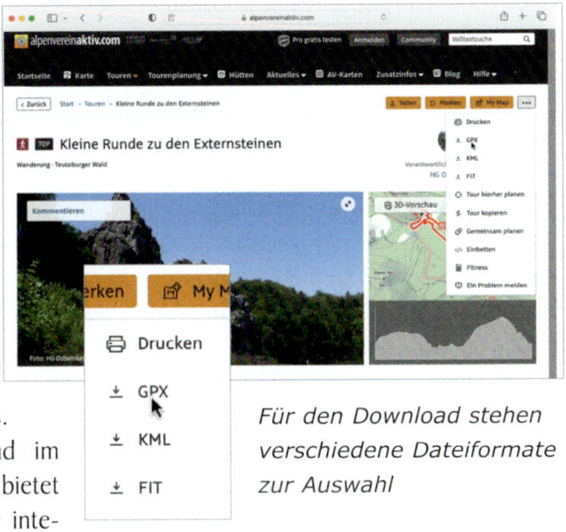

Für den Download stehen verschiedene Dateiformate zur Auswahl

Neben dem Download im universellen GPX-Format bietet Ihnen die Website weitere interessante Möglichkeiten. Z. B. können Sie die Strecke auch als Garmin FIT-Datei oder als KML-Datei herunterladen, um sich die Tour in Google Earth anzusehen.

5. Tour übertragen

Bevor Sie den Track auf Ihr GPS-Gerät übertragen (☞ Seite 104), empfiehlt es sich, die heruntergeladene Datei zunächst noch einmal in einem Kartenprogramm (z. B. Garmin BaseCamp) zu öffnen und sie zu kontrollieren und eventuelle Fehler zu korrigieren. Wie das funktioniert, zeigt Ihnen der folgende Abschnitt.

Software für die Tourenplanung am Computer

Fix und fertige Tracks aus dem Internet herunterzuladen ist ohne Frage eine feine Sache. Nicht immer aber möchte man eine Tour „von der Stange" nachlaufen, -fahren oder -paddeln. Die Koordinaten von Wegpunkten mit dem Planzeiger in einer Papierkarte zu ermitteln und auf das GPS-Gerät zu übertragen, ist nicht schwer (☞ Seite 88), bei längeren Touren mit vielen Wegpunkten aber sehr aufwendig und das Eintippen der langen Zahlenkolonnen recht fehleranfällig. Zwar erlaubt die Kartendarstellung moderner GPS-Empfänger eine unkomplizierte Routenplanung direkt auf dem Gerät, allerdings verliert man bei umfangreicheren Touren auf dem kleinen Display schnell die Übersicht.

Mit einer Planungssoftware und einer digitalen Karte auf dem Computer dagegen wird die Tourenplanung selbst mehrtägiger Trekkingtouren zum Kinderspiel und macht sogar richtig Spaß.

Digitale Karten: Raster- vs. Vektorkarten

Auch für die Tourenplanung am Computer, bei der der Streckenverlauf am Bildschirm per Mausklick zusammengestellt wird, bildet eine gute (topografische) Karte die richtige Grundlage. Dabei bieten digitale Karten für die Nutzung am Computer weit mehr Möglichkeiten als eine klassische Papierkarte. So kann man für einen besseren Überblick die Kartenansicht vergrößern oder bei Bedarf hineinzoomen, um sich den Streckenverlauf im Detail anzuschauen. Ist die Karte zusätzlich mit Höhenangaben ausgestattet, ist auch der Abruf des Höhenprofils zur geplanten Strecke kein Problem und man weiß schon vor dem Start, was einen unterwegs erwartet.

Außerdem erspart man sich das Koordinatenablesen in der Papierkarte und vermeidet Zahlendreher beim Eintippen der Ziffernfolgen am GPS-Gerät. Sowohl der gesamte Streckenverlauf wie auch einzelne Wegpunkte lassen sich einfach mit der Maus auf der Kartendarstellung anklicken und werden automatisch gespeichert. Über die normale PC-Tastatur lassen sich Wegpunktnamen und auch längere Kommentare einfach eingeben.

Die kommerziell angebotenen digitalen Karten sind mit Preisen von über € 100 auf den ersten Blick nicht gerade ein Schnäppchen. Sie decken aber oft ganze Länder ab und gerade, wenn man viel unterwegs ist, sind sie im Endeffekt günstiger, als wenn man jedes benötigte Kartenblatt der Papierkarte einzeln kauft.

Grundsätzlich lassen sich zwei verschiedene Typen von digitalen Karten unterscheiden, nämlich Raster- und Vektorkarten. In der Praxis ist aber auch die Kombination beider Kartenarten anzutreffen.

Rasterkarten verhalten sich im Prinzip wie eingescannte Papierkarten. Sie enthalten stets nur die im Ausgangsmaßstab enthaltenen Informationen, egal, wie stark man die Kartenansicht verkleinert oder vergrößert. Da sie nicht routingfähig sind, werden die einzelnen Wegpunkte per Luftlinie verbunden, d.h. es müssen mehr Punkte gesetzt werden, um einen möglichst genauen Routenverlauf zu erhalten. **Vektorkarten** dagegen sind beliebig skalierbar und aus mehreren Informationsebenen aufgebaut, sodass je nach Zoomstufe Details ein- oder ausgeblendet werden. So bleibt die Karte immer schön übersichtlich. Außerdem enthalten Vektorkarten auch eine Bewertung des Wegesystems und ermöglichen damit komfortables Auto-Routing, bei der die Strecke zwischen zwei Punkten nach den

Vorlieben des Nutzers (Auto, Fahrrad, zu Fuß) berechnet wird und die Routenplanung ist flott erledigt.

Vergleich des Kartenbilds bei der Garmin Top Active Europe und der Topo Deutschland Pro (hier in der Version 7)

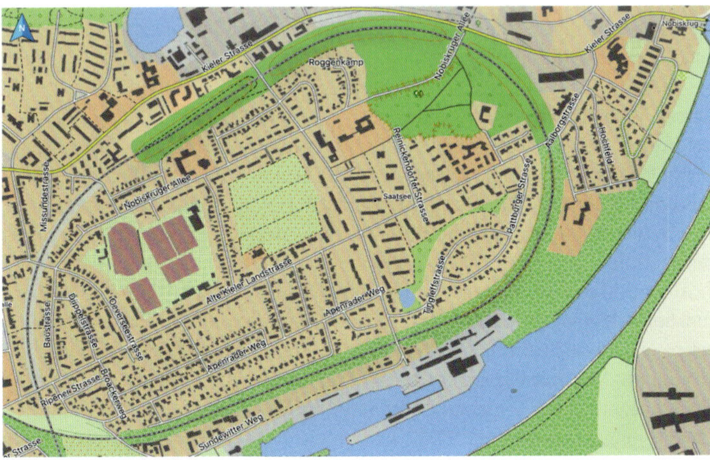

Karten für das GPS-Gerät

Die Einführung kartenfähiger Empfänger war ein Meilenstein in der Entwicklung der GPS-Technik. Statt auf einem monochromen Display per Peillinie von Wegpunkt zu Wegpunkt zu navigieren oder der einfachen Skizze eines Tracks zu folgen, bekommt man nun den Standort exakt auf einer Karte dargestellt und weiß zu jeder Zeit genau, wo man sich gerade befindet. Ein weiterer großer Schritt in Richtung komfortabler Bedienung sind, wie bereits mehrfach erwähnt, Vektorkarten mit Auto-Routing-Funktion.

Zusätzlich zur grundlegenden, weltweiten Basiskarte statten sowohl Garmin wie auch TwoNav ihre Geräte standardmäßig mit einem mehr oder weniger umfangreichen Kartenmaterial für Deutschland und Europa aus, das bei Bedarf um weitere Karten und Länder erweitert werden kann.

☞ Aber aufgepasst: Die Karten sind in der Regel nicht untereinander kompatibel und so können Garmin-Karten nicht auf einem TwoNav-Gerät genutzt werden und andersherum.

Kommerzielle Garmin-Karten

Garmin Topo Active Europe

Die auf OSM-Material basierende Karte deckt ganz Europa ab und ist auf vielen aktuellen Garmin-Modellen bereits vorinstalliert, kann für die Nutzung auf älteren kompatiblen Geräten ohne vorinstalliertes Kartenmaterial aber auch separat erworben werden (ca. € 50, 💻 www.garmin.com). Das Wegenetz ist routingfähig und die Karte enthält Höhendaten.

Garmin TOPO Deutschland V9 PRO

Die aktuelle TOPO Deutschland PRO ist die inzwischen neunte Auflage der digitalen Deutschlandkarte im Maßstab 1:25.000 (ca. € 130, 💻 www.garmin.com). Das brillante Kartenbild der Vektorkarte braucht sich nicht hinter einer Rasterkarte zu verstecken und selbst schmale Pfade und kleine Wanderwege sind eingezeichnet.

Herausragendes Feature ist (seit der Version 6 von 2012) die ActiveRouting-Funktion, die optimierte Routenvorschläge für unterschiedliche Freizeitaktivitäten macht und ideale Strecken zum Wandern, für Rad- oder MTB-Touren vorschlägt. So wird der Mountainbikefahrer über schmale Pfade mit Steigungen und Gefällen geführt, während der Tourenradfahrer möglichst ebene und breite Wege empfohlen bekommt.

Die Karte enthält darüber hinaus den Verlauf einer Vielzahl markierter Rad- und Wanderwege (Radroutennetz des ADFC, Qualitätswege des Deutschen Wanderverbands), die man über die Suchfunktion erreicht und für die Routenberechnung auswählen kann. Abgerundet wird der große Informationsgehalt durch eine umfangreiche POI-Sammlung, mit der man schnell Badeseen, Berggipfel, Almhütten, Wanderparkplätze und andere interessante Punkte auf der Karte finden kann.

Als Bonus gibt es eine Winterkarte mit Skigebieten, Pisten und Liften. Damit Tourengeher das Lawinenrisiko besser einschätzen können, sind Hänge mit einer Neigung von über 30° farbig hervorgehoben.

Einschränkung bei der Downloadversion

Kaufen Sie unbedingt die MicroSD-Karten-Version der TOPO Deutschland! Diese kann einfach und ohne Installation in unterschiedlichen Geräten verwendet werden. Zusätzlich kann Sie auch problemlos am PC genutzt werden: Einfach Speicherkarte einstecken oder GPS-Gerät mit eingelegter Speicherkarte anschließen, schon steht die Karte in Garmin BaseCamp zur Verfügung. Die Downloadversion bietet dagegen keinen Preisvorteil und kann nur mit dem Gerät verwendet werden, das Sie beim Kauf freigeschaltet haben!

Rasterkarten auf Garmin-Geräten

Mit Custom Maps stellt Garmin eine kostenlose Lösung zur Anzeige von Rasterkarten auf seinen neueren Geräten bereit. Damit lassen sich auch herkömmliche Papierkarten zur Anzeige auf kompatiblen Garmin-Outdoorgeräten aufbereiten und für die Navigation nutzen. Das ist insbesondere für Regionen praktisch, für die kein passendes digitales Kartenmaterial vorliegt. Eine leicht verständliche Schritt-für-Schritt-Anleitung zum Anfertigen eigener Custom Maps finden Sie im Support-Bereich der Garmin-Website: 💻 https://support.garmin.com/de-DE/

Freie OSM-Karten für die Outdoornavigation

Das Internet ist eine nahezu unerschöpfliche Fundgrube für kostenloses Kartenmaterial in Form von Vektorkarten auf Basis von OpenStreetMap-Daten (kurz OSM, 💻 www.openstreetmap.org und 💻 www.openstreetmap.de). Dabei handelt es sich keineswegs ausschließlich um Straßenkarten, wie es der Name vermuten lässt, und es gibt sogar speziell aufbereitete Fahrrad- und Wanderkarten (z. B. 💻 www.opencyclemap.org oder 💻 www.openmtbmap.org).

Das OpenStreetMap-Projekt wurde 2004 mit dem Ziel ins Leben gerufen, eine frei nutzbare, weltweite digitale Karte mit globaler Abdeckung zu erschaffen.

Der Mitmach-Kartendienst funktioniert nach dem Wikipedia-Prinzip: Jeder kann beim Kartieren mitmachen und Daten korrigieren oder ergänzen und z. B. einen Track von bislang fehlenden Wander- und Radwegen oder Straßen zum OSM-Server hochladen.

In den vergangenen Jahren sind die Karten immer besser geworden und die Qualität und Detailgenauigkeit des Kartenmaterials ist zum Teil verblüffend gut. Größere Städte, aber auch beliebte Tourismusregionen sind sehr gut aufgenommen, so ist z. B. die Darstellung des Wanderwegenetzes in den Alpen erstaunlich detailliert. Abstriche muss man in ländlichen Regionen machen, hier ist das Straßennetz nicht immer vollständig und je kleiner die Ortschaft, desto größer die Lücken.

Die Detaildichte hängt also stark von der jeweiligen Region ab und natürlich ist die Genauigkeit geringer als bei den topografischen Karten der Landesvermessungsämter. Mitunter führt die Schwarmintelligenz der „Mapper", wie sich die Hobbykartografen selbst nennen, aber sogar dazu, dass die OSM-Karten aktueller sind als das amtliche Kartenmaterial, denn die Daten des OSM-Servers werden täglich aktualisiert!

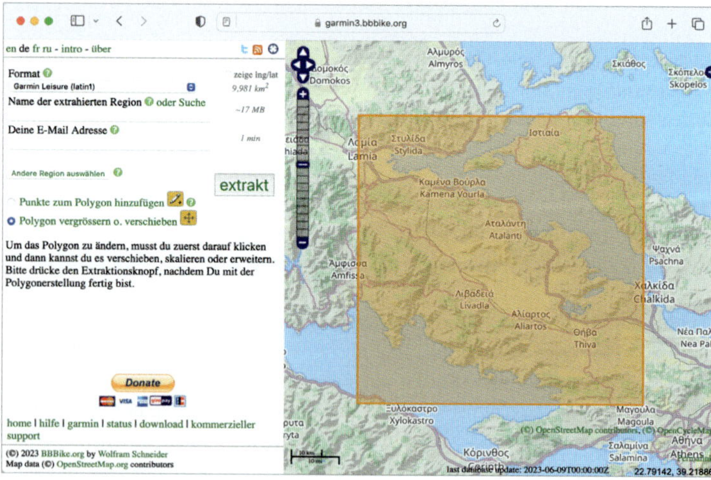

Auf der Website BBBike Extracts lässt sich ein frei wählbarer Ausschnitt aus der OSM-Karte als Karte für die Nutzung in Garmin-GPS-Empfängern herunterladen

OSM-Karten erfreuen sich stetig steigender Beliebtheit und das nicht nur, weil sie kostenlos sind. Gerade für Regionen, für die keine kommerziellen digitalen Karten angeboten werden, stellen sie oftmals die einzige Möglichkeit dar, um brauchbares Kartenmaterial auf das GPS-Gerät zu bekommen. So habe ich z. B. während meiner Touren auf dem Lykischen Weg in der Türkei sehr gute Erfahrungen mit OSM-Karten gemacht und war immer wieder erstaunt, dass selbst schmale Trampelpfade verzeichnet waren.

Dass OSM-Karten keinesfalls nur ein Notnagel sind, lässt sich auch daran erkennen, dass viele Hersteller für ihr Kartenmaterial auf OSM-Daten zurückgreifen, z. B. Garmins TopoActive Europa, die auf den aktuellen Geräten vorinstalliert ist.

OSM-Karten lassen sich auf vielen kartenfähigen GPS-Empfängern verwenden und in Planungsprogrammen wie BaseCamp für die Tourenplanung am PC einbinden, allerdings bietet OpenStreetMap selbst nur die Karten-Rohdaten an, aus denen die Karte zusammengestellt und für das GPS-Gerät kompiliert werden muss (d. h., aus den Rohdaten muss eine digitale Karte erstellt werden, die man auf dem Computer oder GPS-Gerät verwenden kann). Die dazu benötigten Softwaretools sind zwar ebenfalls frei im Internet erhältlich, das Erzeugen einer eigenen Karte ist allerdings nicht ganz trivial und mit einigem Aufwand verbunden.

Zum Glück findet sich eine Vielzahl fertig kompilierter Karten, die man nur herunterzuladen braucht und dann direkt nutzen kann. Das größte Angebot existiert hier einmal mehr für kartenfähige Garmin-Empfänger, es lassen sich aber auch fertige Karten für andere Hersteller finden.

Gute Anlaufstellen für fertige, aus OSM-Daten generierte Karten für Garmin-Empfänger sind u. a.:

- www.freizeitkarte-osm.de, Universalkarte für Freizeit- und Outdooraktivitäten in Deutschland und zahlreichen europäischen Ländern, mit Höhenlinien, Auto-Routing und Adresssuche
- www.wanderreitkarte.de, topografische Reit- und Wanderkarte mit europaweiter Abdeckung
- www.openmtbmap.org, Auto-Routing-fähige Karte für Rad- und MTB-Touren
  wiki.openstreetmap.org/wiki/OSM_Map_On_Garmin/Download#Europe, nach Ländern sortierte Übersicht mit Links zu Downloadseiten für OSM-Karten für Garmin-GPS
- garmin3.bbbike.org/, komfortabler Online-Karten-Generator, mit denen sich beliebige Kartenausschnitte der OSM-Daten als installationsfähige Karten für Garmin-Geräte erzeugen lassen

Die Kartendownloads werden in der Regel in unterschiedlichen Formaten angeboten:

▷ Dateien mit der Endung .gmap GMAP-Dateien können mit der Garmin BaseCamp- und MapInstall-Software auf Windows- und MacOS-Computern geöffnet werden.

▷ Ein gmapsupp.img-File (Garmin-Image-Dateiformat) kann direkt im GPS-Gerät verwendet werden (☞ Seite 134).

Planungssoftware

Die stetig steigende Beliebtheit von Online-Tourenplanern und das wachsende Angebot an freien, kostenlosen OSM-Karten hat in den letzten Jahren das Angebot an Offline-Tourenplanern für die Nutzung am PC merklich ausgedünnt und Angebote wie der beliebte Tour Explorer von Magic Maps sind vom Markt verschwunden. Trotzdem gibt es noch einige GPS-Planungsprogramme, die mit weiterreichenden Funktionen beim (Nach-)Bearbeiten und Auswerten von Tracks glänzen und den Aufbau eines eigenen Tourenarchivs erlauben.

Sie ermöglichen ein komfortables Einzeichnen des Wegverlaufs. Routen, Tracks und Wegpunkte lassen sich praktisch immer zwischen PC und GPS-Gerät übertragen, und zwar ganz ohne Internet und Cloud.

Zu den wichtigsten Grundfunktionen eines guten Tourenplanungsprogramms gehören:

▷ die Unterstützung von verschiedenen digitalen Kartenwerken, d. h., Sie können alle Touren mit demselben Programm planen und archivieren,

▷ eine Möglichkeit zur Kalibrierung von eingescannten Papierkarten, um diese für die Tourenplanung zu nutzen,

▷ eine komfortable Tourenplanung mit der Möglichkeit, Wegpunkte anzulegen und zu Routen zu verbinden sowie Tracks zu zeichnen,

▷ leistungsfähige Werkzeuge, um Tracks nachzubearbeiten, zu ergänzen, zu vereinfachen, zu teilen oder zu verbinden und

▷ umfangreiche Analysefunktionen für aufgezeichnete Tracks (z. B. Anzeige von Höhen- und Geschwindigkeitsprofil).

QuoVadis X Desktop (QVX)

Windows/Mac: Ja/Ja

Preis: € 49,95 (Basic), € 79,95 (Standard), € 139,95 (Poweruser), Demoversion vorhanden

Website: 💻 www.quovadis-gps.de

QuoVadis X Desktop ist der Mercedes unter den GPS-Planungsprogrammen und erste Wahl, wenn es um die Verwaltung einer großen und ständig wachsenden Sammlung an GPS-Daten und unterschiedlichen digitalen Karten geht.

Schaltzentrale ist der X-Plorer, in dem man die Wegpunkte, Routen und Tracks einer Tour oder einer Region in einer eigenen Datenbank ablegen und beliebig kopieren, einfügen oder verschieben kann. Doch damit nicht genug: Für den Aufbau eines Tourenarchivs lassen sich Internetlinks, Multimediadateien wie Fotos, Filme oder Audio und eigene Anmerkungen zur Wegbeschaffenheit, Übernachtungs- oder Einkehrmöglichkeiten und vieles mehr ergänzen.

Die herausragende Stärke ist aber sicherlich die hohe Kompatibilität zu nahezu jedem erdenklichen Kartenformat und den unterschiedlichsten Höhenmodellen. Selbst Satellitenbilder oder exotische Online-Karten lassen sich einfach einbinden.

Höhendaten in digitalen Karten

Das Höhenmodell (auch DEM (= Digital Elevation Model) oder DGM (= Digitales Geländemodell) genannt) ist ein Datensatz, der die dritte Dimension in die Kartendarstellung bringt, sodass jeder Punkt mit einer Höhenangabe verknüpft ist. So können Sie schon bei der Planung am Computer das Höhenprofil der Tour einsehen und sich den Gesamtanstieg bzw. -abstieg anzeigen lassen.

Mit einem Programm wie QuoVadis lassen sich Karten ohne Höhenangaben mit einer separaten Höhendatendatei (z. B. die SRTM-Daten der NASA) verknüpfen. Einfachere Programme wie BaseCamp erlauben das nicht.

Land (TwoNav)

Windows/Mac: Ja/Ja
Preis: einmalig € 129,99 oder 12-Monats-Abo: kostenlos (Basic), € 29,99 (Premium), € 59,99 (Pro)
Website: 💻 www.twonav.com/de/software/land

Die Planungssoftware von TwoNav punktet mit einem mächtigen Funktionsumfang bei einfacher Bedienung. Es bietet alles, was man von einem guten Planungsprogramm erwarten darf, und man kann sofort loslegen, denn die ersten Wegpunkte, Routen und Tracks sind auch ohne Studium des Handbuchs schnell angelegt. Das Programm kann auch im Zusammenspiel mit GPS-Geräten anderer Hersteller genutzt werden. Wenn auch nicht ganz so komfortabel wie bei Quo-Vadis X bietet auch Land Premium umfangreiche Datenbankfunktionen zum

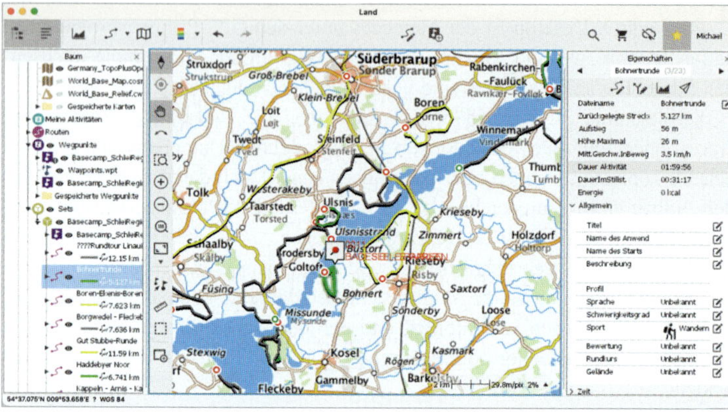

Land ist ein leistungsstarkes Werkzeug zum Planen und Analysieren von Outdoor-Aktivitäten

Verwalten großer GPS-Datenmengen. Ein echter Hingucker ist die dreidimensionale Darstellung von Rasterkarten in Verbindung mit einem digitalen Höhenmodell. So lässt sich der aufgezeichnete Track zu Hause im Nachhinein aus der Vogelperspektive nachfliegen.

Garmin BaseCamp

Windows/Mac: Ja/Ja
Preis: kostenlos
Website: 💻 https://www.garmin.com/de-DE/software/basecamp/

Garmins hauseigene Freeware BaseCamp hat schon einige Jahre auf dem Buckel und auch wenn immer wieder über das Ende geunkt wird, versorgt Garmin seine Planungssoftware weiterhin sporadisch mit Updates, um Fehler zu beheben und die Stabilität zu verbessern. Es ist in erster Linie für die Nutzung mit Garmin-Vektorkarten konzipiert. Natürlich ist der Funktionsumfang im Vergleich zu den kommerziellen Lösungen beschränkt. Dafür ist das Programm sehr einfach und intuitiv zu bedienen und die Arbeit mit Wegpunkten, Routen und Tracks läuft sehr flüssig. Da sich auch OSM-Karten einbinden lassen und Tracks als GPX-Datei ausgegeben werden können, kann man geplante Touren praktisch mit jedem GPS-Empfänger nutzen.

Schritt für Schritt: Eine Tour in Garmin BaseCamp planen

Nachdem Sie nun einige Planungsprogramme kennengelernt haben, geht es jetzt konkret daran, eine Tour am Computer vorzubereiten. Nachfolgend finden Sie eine ausführliche Schritt-für-Schritt-Anleitung zur Planung einer kleinen Rundwanderung auf den Brocken im Harz von der Installation der Kartensoftware über das Einzeichnen des Streckenverlaufs bis hin zum Übertragen des erstellten Tracks auf das GPS-Gerät.

Zum Einsatz kommt die Planungssoftware Garmin BaseCamp im Zusammenspiel mit der Freizeitkarte auf OSM-Basis. Beide Komponenten sind kostenlos im Internet erhältlich. Sollten Sie eine andere Planungssoftware oder digitale Karte verwenden, können die einzelnen Bearbeitungsschritte selbstverständlich von der Beschreibung abweichen. Die Hinweise und Bildschirmabbildungen beziehen sich auf die MacOS-Version. Auf einem Rechner mit Windows-Betriebssystem gibt es leichte Unterschiede.

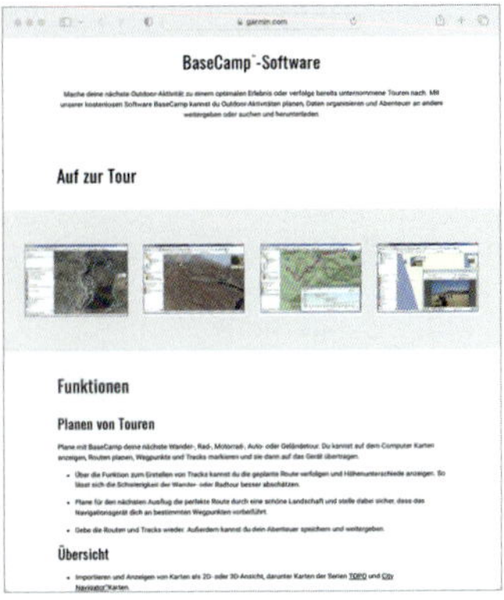

Garmin bietet BaseCamp sowohl in einer Windows- wie auch einer MacOS-Version an

1. BaseCamp herunterladen und installieren

Der GPS-Hersteller Garmin stellt mit seinem Programm BaseCamp ein kostenloses, aber dennoch sehr leistungsstarkes Werkzeug für die Planung eigener Touren zur Verfügung. Die Software läuft sowohl unter Windows als auch unter Mac OS und lässt sich selbst dann nutzen, wenn Sie kein oder das GPS-Gerät eines anderen Herstellers besitzen.

Den Download finden Sie auf der Garmin Website unter www.garmin.com.de/basecamp.

Scrollen Sie auf der folgenden Seite ganz nach unten und klicken Sie den Downloadbutton für das gewünschte Betriebssystem und wählen Sie gegebenenfalls bei der folgenden Abfrage aus, wo der Download gespeichert werden soll. Starten Sie anschließend die Installation von BaseCamp durch einen Doppelklick auf die heruntergeladene Datei und folgen Sie den Anweisungen auf dem Bildschirm.

2. BaseCamp mit Kartenmaterial bestücken

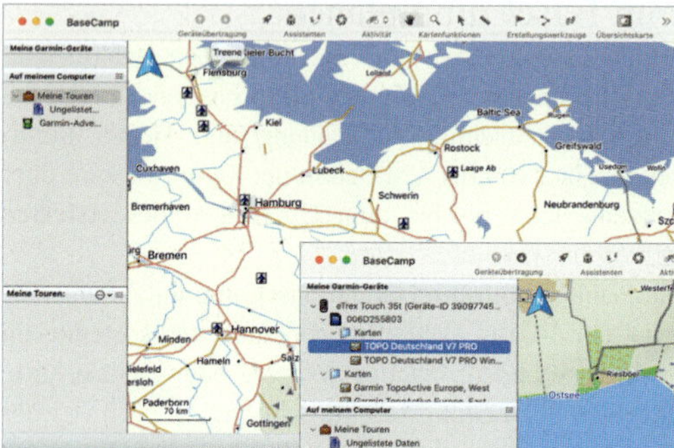

Die mitgelieferte globale Karte dient nur der Übersicht

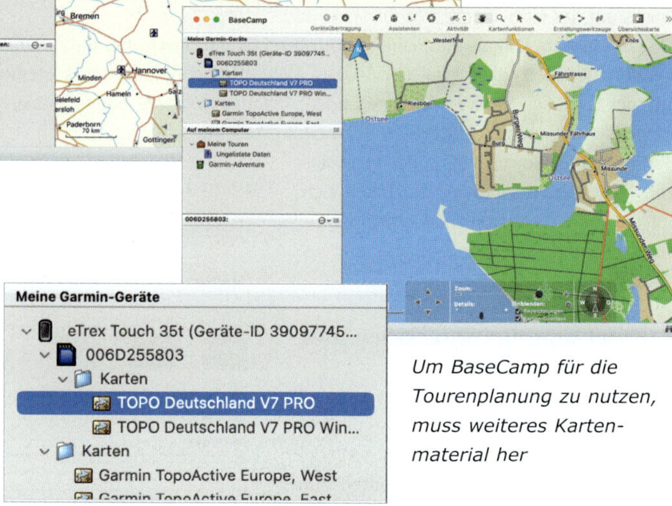

Um BaseCamp für die Tourenplanung zu nutzen, muss weiteres Kartenmaterial her

BaseCamp verfügt zunächst nur über eine sehr grobe Weltkarte, die für die Planung einer Outdooraktivität auf schmalen Wegen und Pfaden nicht ausreicht. Es ist also zusätzliches Kartenmaterial erforderlich. Wenn Sie einen Garmin-Empfänger mit vorinstalliertem Kartenmaterial besitzen, können Sie dieses problemlos in BaseCamp nutzen: Sobald Sie den GPS-Empfänger per USB-Kabel mit dem Computer verbinden, taucht er links oben in der Spalte unter *Geräte* auf und Sie können vorhandene Karten mit einem einfachen Doppelklick im Kartenfenster von BaseCamp anzeigen.

Aber auch ohne Garmin-GPS mit vorinstallierter Karte können Sie zusätzliches Kartenmaterial leicht nachrüsten. Beenden Sie dazu zunächst das Programm BaseCamp und rufen Sie im Internetbrowser die Website 💻 www.freizeitkarte-osm.de auf.

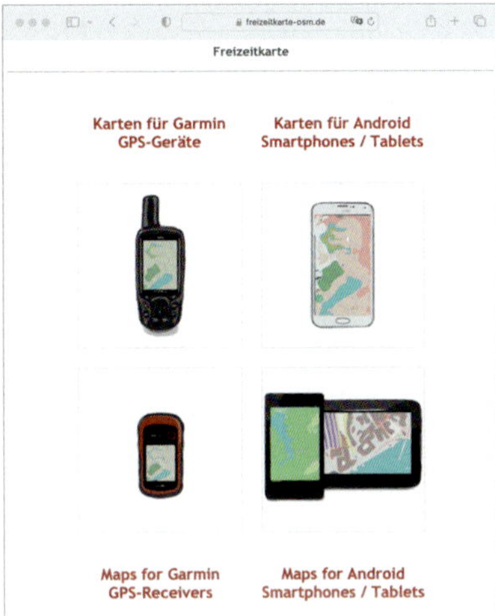

Die Freizeitkarte ist eine speziell für Outdooraktivitäten aufbereitete Karte auf OSM-Basis und wird fertig kompiliert für zahlreiche Länder angeboten

Die Freizeitkarte ist eine lizenzfreie Karte, die auf den Daten des OpenStreetMap-Projekts basiert und den Schwerpunkt auf Outdooraktivitäten legt. Sie ist für viele europäische Länder erhältlich und auch für Radfahrer und Fußgänger routingfähig. Klicken Sie auf der Website oben links auf den Eintrag *Karten für Garmin GPS-Geräte* und wählen Sie auf der Übersichtsseite im Menüpunkt *Karten* den Eintrag *Deutschland*.

Klicken Sie auf der folgenden Seite dann auf den entsprechenden Downloadlink des GMAP-Installers für das benötigte Betriebssystem Windows oder Mac OS. Der Download erfolgt als Zip-Archiv und nach dem Entpacken erhalten Sie eine Installationsdatei, die Sie mit einem Doppelklick starten.

Anschließend führen Sie die Bildschirmanweisungen durch die Installation und nachdem Sie das Zielverzeichnis für die Karte

Es stehen verschiedene Installationspakete für die unterschiedlichen Anwendungsfälle zur Auswahl

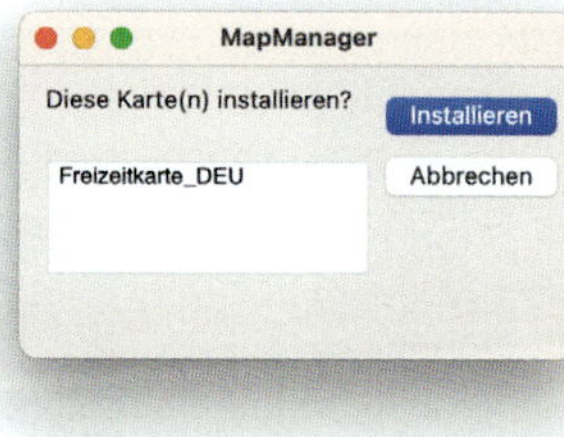

Für die Installation des GMAP-Archivs unter MacOS ist das Hilfsprogramm MapManager erforderlich, welches Sie im Support-Bereich der Garmin-Website herunterladen können

gewählt haben, wird die Karte in BaseCamp registriert. Nun können Sie BaseCamp erneut starten und über den Menüpunkt *Karten* die *Freizeitkarte_DEU* aufrufen.

Alternativ zur Installation auf der Computerfestplatte finden Sie auf der Website 💻 www.freizeitkarte-osm.de auch das Installations-Image für Garmin-Empfänger, das Sie nach dem Herunterladen und Entpacken direkt auf eine Speicherkarte kopieren können, um sie im Gerät selbst zu nutzen. Die Kartendatei (gmapsupp.img) muss dabei zwingend in einen Unterordner mit dem Namen Garmin kopiert werden: \Garmin\gmapsupp.img. Sollte der Ordner nicht vorhanden sein, müssen Sie ihn zunächst anlegen und dann die Datei gmapsupp.img dort hineinkopieren.

Die neueren Garmin-Outdoornavis können mehrere Karten parallel verarbeiten. Dazu können Sie die Datei gmapsupp.img vor dem Kopieren umbenennen. Wählen Sie einen möglichst aussagekräftigen Namen wie osmdeutschland.img, damit Sie bei mehreren Karten nicht den Überblick verlieren.

3. Eine neue Tour anlegen

Jetzt sind die erforderlichen Vorarbeiten erledigt und Sie haben alle benötigten Werkzeuge installiert, um den PC für die Tourenplanung zu nutzen.

Der Bildschirm von BaseCamp ist dreigeteilt:

- ▷ Rechts wird die ausgewählte Karte anzeigt.
- ▷ Links oben finden Sie die Bibliothek mit Ihren eigenen Touren und auch mit dem Computer verbundene Garmin-Geräte tauchen hier auf.
- ▷ Links unten ist der Inhalt der ausgewählten Liste (u. a. Wegpunkte, Routen, Tracks) bzw. des ausgewählten Listenordners zu sehen.

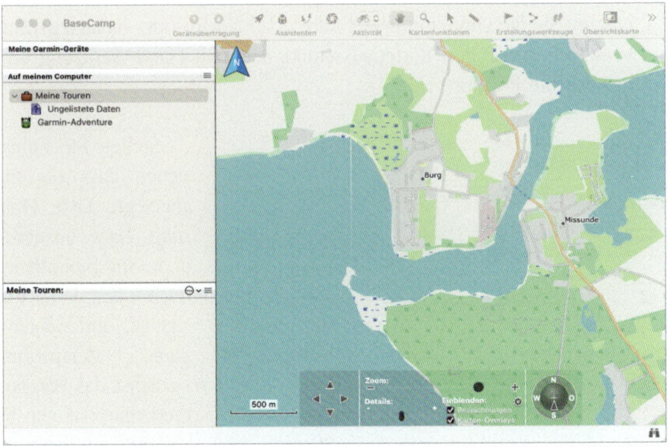

BaseCamp mit installierter OSM-Freizeitkarte

Die Tourenbibliothek ist zunächst natürlich noch leer. Legen Sie daher als Erstes eine neue Liste für die zu planende Tour an. Bewegen Sie dazu die Maus in der linken Spalte oben auf den Eintrag *Meine Sammlung* und öffnen Sie mit der rechten Maustaste das Kontextmenü. Wählen Sie den Eintrag *Neue Liste* und tippen Sie den gewünschten Namen ein, z. B. *Wanderung Harz.*

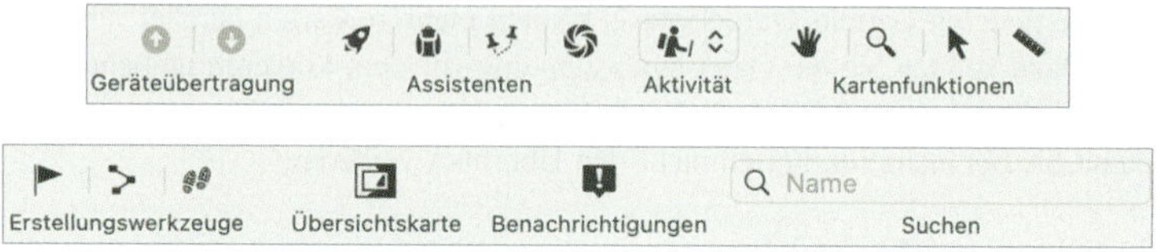

In der Werkzeugleiste finden Sie alles, was Sie zum Anlegen einer neuen Tour benötigen

In der Werkzeugleiste unterhalb der Menüzeile am oberen Bildschirmrand finden Sie die verschiedenen Werkzeuge, um im Kartenfenster von BaseCamp zu navigieren und neue Wegpunkte, Routen oder Tracks anzulegen oder bestehende Daten zu ändern:

▷ Nutzen Sie die Lupe, um in das Kartenbild hinein- oder hinauszuzoomen.

▷ Verschieben Sie den Kartenausschnitt mit dem Hand-Werkzeug an die gewünschte Position.

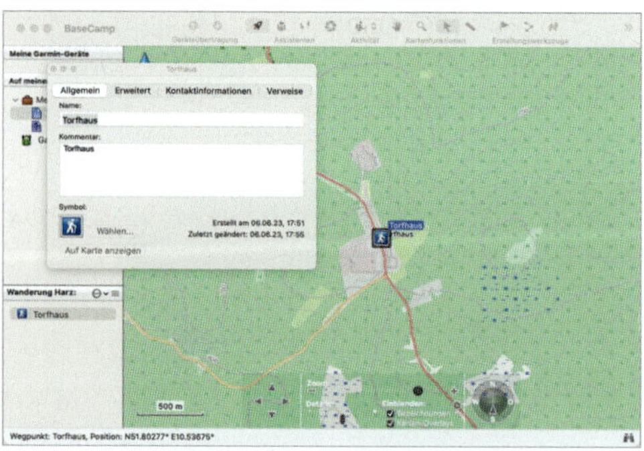

Stellen Sie zunächst sicher, dass die zuvor angelegte Liste *Wanderung Harz* ausgewählt, d. h. im Bibliotheksbereich oben links unterlegt ist, und wählen Sie zum Ausprobieren zunächst das Wegpunkt-Werkzeug (Fahnen-Symbol) aus der Toolbar, um einen neuen Wegpunkt anzulegen. Klicken Sie dann auf die gewünschte Position in der Karte.

Der neue Wegpunkt wird als Symbol in der Karte angezeigt und taucht zusätzlich im unteren Bereich am linken Rand auf. Durch einen Doppelklick auf den Wegpunktnamen (alternativ können Sie auch das Symbol in der Kartendarstellung mit der rechten Maustaste anklicken und aus dem Kontextmenü den Eintrag *Info abrufen* wählen) erscheint der Eigenschaften-Dialog.

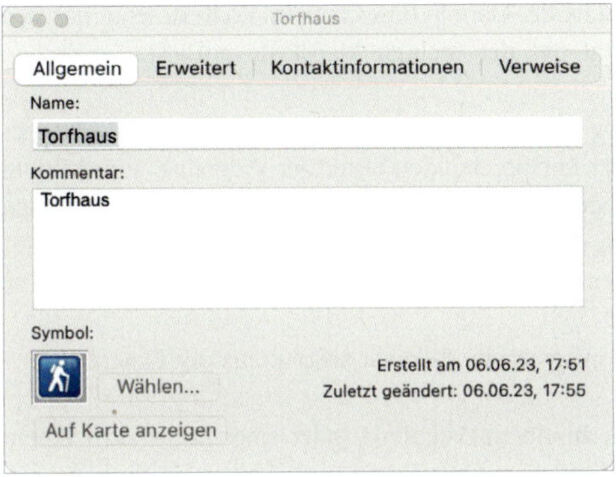

In den Eigenschaften des Wegpunkts können Sie dessen Namen, Symbol und weitere Details einsehen und ändern

Hier können Sie dem Wegpunkt einen eindeutigen Namen geben und weitere Details wie z. B. das Symbol ändern oder einen Kommentar ergänzen.

Für die spätere Arbeit ist es wichtig zu verstehen, wie BaseCamp die Daten organisiert. Alle Wegpunkte, Routen und Tracks werden in Listen gespeichert. Im Beispiel ist das die Liste mit dem Namen *Wanderung Harz.* Mehrere Listen können wiederum in Listenordnern zusammengefasst werden (sinnvoll z. B. für die einzelnen Etappen bei einer mehrtägigen Wanderung).

Die einzelnen Elemente können dabei nicht nur in einer Liste auftauchen, sondern lassen sich in beliebig viele weitere Listen kopieren. Löschen Sie einen Wegpunkt, der in mehreren Listen vorhanden ist, aus einer Liste, so wird nur die entsprechende Referenz dort entfernt, der eigentliche Wegpunkt bleibt aber in der Datenbank von Garmin BaseCamp und in allen anderen Listen, in denen er enthalten ist, weiterhin vorhanden.

Wählen Sie „Löschen", um das ausgewählte Element unwiederbringlich zu aus der Datenbank zu entfernen

Aus diesem Grund unterscheidet Garmin BaseCamp im Kontextmenü, das sich öffnet, wenn Sie ein Element mit der rechten Maustaste anklicken, zwischen *Entfernen* und *Löschen*:

▷ Aus *'Meine Sammlung' löschen* entfernt nur den Verweis auf das entsprechende Element in der entsprechenden Liste, der Wegpunkt (oder Route oder Track) bleibt aber in der Datenbank und taucht weiterhin in allen anderen Listen auf, in denen er enthalten ist. Ist das entsprechende Element in keiner weiteren Liste vorhanden, so wird es in die Liste *Ungelistete Daten* verschoben.

▷ *Löschen* entfernt das ausgewählte Element absolut aus der Datenbank.

Nehmen Sie Änderungen an einem Wegpunkt (oder einer Route oder einem Track) vor, so wirkt sich das immer auf alle Listen aus. Wollen Sie dagegen nur die Eigenschaften oder die Position des Elements in der aktuellen Liste verändern, so müssen Sie das betreffende Element zunächst duplizieren.

Da sich Änderungen an einem Element stets auf alle Listen auswirken, können Sie nicht zwei Wegpunkte (oder Tracks oder Routen) mit gleichem Namen in unterschiedlichen Listen anlegen. Jedes einzelne Element braucht einen eindeutigen Namen.

4. Streckenvorschlag per Auto-Routing

Nachdem Sie nun mit dem Grundkonzept von Garmin BaseCamp vertraut sind, können Sie mit dem Planen einer Wanderung beginnen. Für das Beispiel soll eine kleine Rundtour von Schierke auf den Brocken und zurück ausgearbeitet werden.

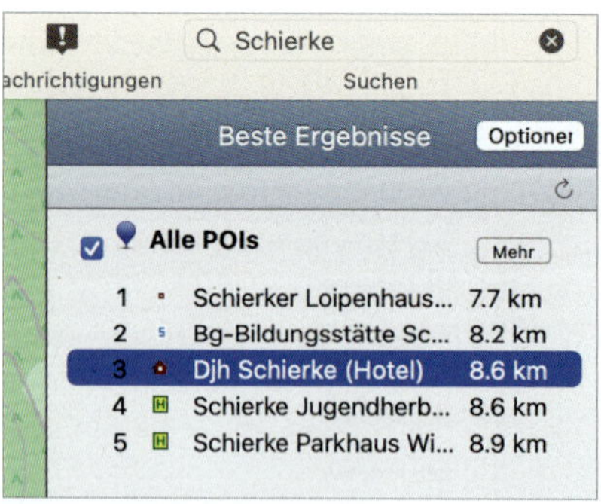

Über das Suchfeld können Sie nach Adressen, POIs und weiteren Karteninhalten suchen

Mit dem Routen-Werkzeug lassen sich Wegpunkte zu einer Route verbinden. BaseCamp bietet unterschiedliche Aktivitätsprofile für die automatische Streckenberechnung.

Der Bildschirm von BaseCamp bietet oben rechts ein Suchfeld, in dem Sie nach Adressen, POIs u. v. m. suchen können. Tippen Sie hier den Ortsnamen Schierke ein, um den geplanten Ausgangspunkt der Wanderung schnell auf der Karte zu finden.

In der Liste unterhalb des Suchfelds zeigt BaseCamp alle Kartenelemente an, die mit dem Suchbegriff übereinstimmen. Die Freizeitkarte enthält unter anderem einen POI (Point of Interest) für die Jugendherberge in Schierke. Mit einem Doppelklick auf den POI *Djh Schierke* in der Ergebnisliste wird die Karte auf den entsprechenden Punkt zentriert.

Nutzen Sie nun bei Bedarf das Lupen-Symbol, um in die Karte hineinzuzoomen, wählen Sie das Wegpunkt-Werkzeug (Fahnen-Symbol) aus, um einen neuen Wegpunkt anzulegen, und klicken Sie in der Karte den Startpunkt der Wanderung an.

Legen Sie nun einen zweiten Wegpunkt für das Zwischenziel auf dem Brockengipfel an. Hierzu können Sie wiederum das Suchfeld nutzen oder den Kartenausschnitt mit dem Hand-Werkzeug in nordwestliche Richtung verschieben,

Im Routen-Dialog können Sie bestehende Wegpunkte einfach per Drag&Drop einfügen

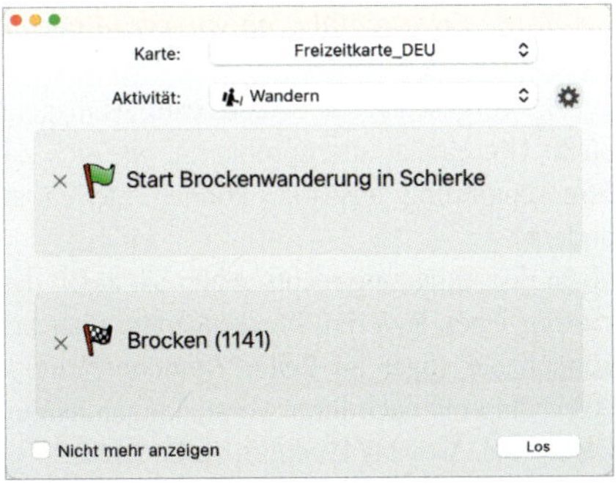

bis Sie den Brocken sehen. Dann klicken Sie mit dem Wegpunkt-Werkzeug erneut in die Karte, um einen weiteren Wegpunkt für das Zwischenziel der Wanderung anzulegen.

Wechseln Sie nun in der Toolbar zum Routen-Werkzeug. Im folgenden Dialog sollten Sie sicherstellen, dass unter *Karte* die *Freizeitkarte* ausgewählt und als *Aktivität Wandern* eingestellt ist.

Ziehen Sie dann den Startpunkt der Wanderung aus dem Bibliotheksbereich links unten mit gedrückter Maustaste in das obere Feld des Routen-Dialogs und ebenso den Zielpunkt in das untere Feld. Mit einem Klick auf die Los-Schaltfläche wird die Strecke berechnet.

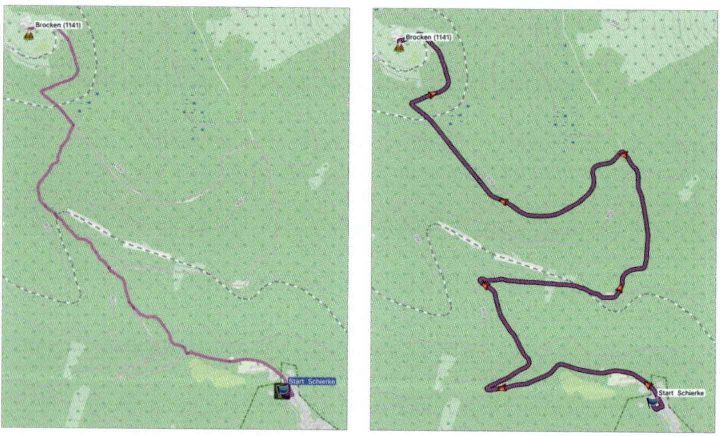

Die Streckenführung variiert je nach gewähltem Aktivitätsprofil

Die vorgeschlagene Strecke wird als magentafarbene Linie in der Karte dargestellt. Um einmal auszuprobieren, wie sich das gewählte Aktivitätsprofil auf die Streckenführung auswirkt, können Sie es im Listenfeld des Routen-Dialogs ändern.

In der Abbildung rechts sehen Sie z. B.; dass das Auto-Routing für eine Fahrradtour einen anderen Streckenverlauf über befestigte Straßen ergibt. Bei Bedarf können Sie sogar im Reiter *Routenpräferenzen* die Voreinstellungen für jedes Aktivitätsprofil nach Ihren Vorstellungen feintunen. Vergessen Sie am Ende nicht, wieder die Aktivität *Wandern* zu benutzen.

5. Den Streckenvorschlag überprüfen

Vergrößern Sie nun mit dem Lupen-Werkzeug die Kartenansicht und überprüfen Sie den Wegverlauf. Nicht immer findet die Automatik den besten Weg. Um den Routenverlauf zu ändern können Sie einfach auf einen beliebigen Punkt der Route anklicken und bei gedrückter Maustaste an die gewünschte Stelle verschieben. Nach dem Loslassen der Maustaste wird der Wegverlauf sofort angepasst und neu berechnet.

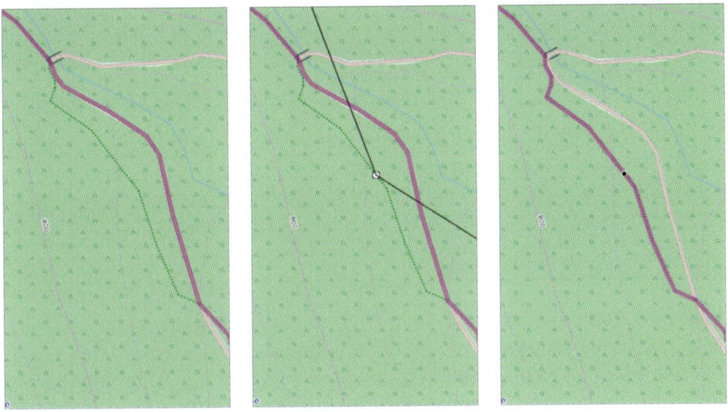

Mit nur einem Mausklick ist der automatisch erstellte Routenvorschlag von der Straße auf den angrenzenden Wanderpfad verschoben

6. Eine Route von Hand zeichnen

Das Routen-Werkzeug kann nicht nur genutzt werden, um bestehende Wegpunkte zu einer Route zu verbinden, sondern Sie können damit auch eine Strecke direkt in die Karte einzeichnen. Klicken Sie dazu zunächst den Ausgangspunkt für den Rückweg auf dem Brockengipfel an und markieren Sie dann die entsprechenden Punkte und Kreuzungen für die Strecke zurück nach Schierke. Das Routen-Werkzeug berechnet die Strecke für den Rückweg dann automatisch entlang der Wege.

☺ Sie können die Kartenansicht einfach mit dem Mausrad vergrößern und verkleinern und bei gedrückter Leertaste mit dem Hand-Werkzeug verschieben, ohne das Routen-Werkzeug verlassen zu müssen.

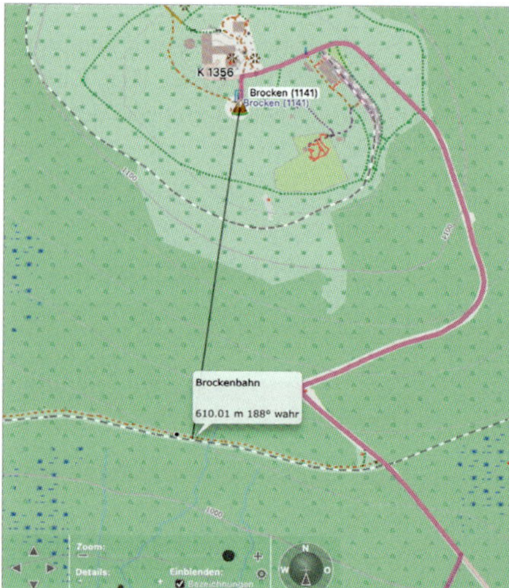

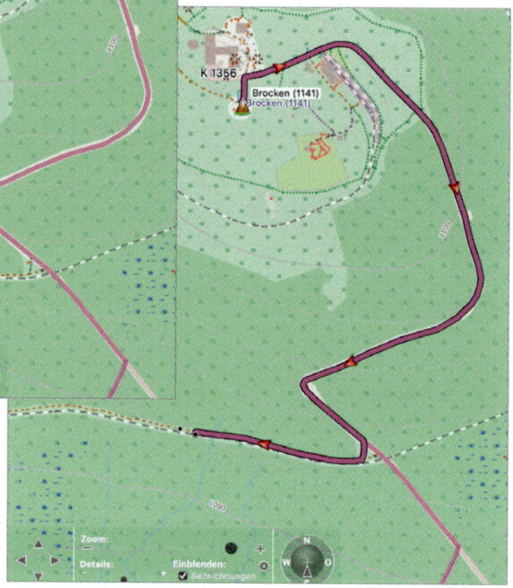

Mit dem Routen-Werkzeug ist der Wegverlauf schnell in die Karte eingezeichnet

7. Mehrere Routen kombinieren

Bislang liegen Hin- und Rückweg noch als zwei Einzelstrecken vor. Das ist aber kein Problem. Um den Hin- und Rückweg zu einer Tour zusammenzufügen öffnen Sie den Routen-Dialog des Hinwegs mit einem Doppelklick auf den Namen in der linken Randspalte und ziehen dann die Route des Rückwegs aus der Randspalte ans Ende des Routen-Dialogs für den Hinweg.

Auf Windows-Computern können Sie die beiden Routen in der Bibliothek am linken Rand wie aus dem Windows Explorer gewohnt mit gedrückter Shift-Taste nacheinander anklicken, um sie gemeinsam zu markieren. Öffnen Sie dann mit der rechten Maustaste das Kontextmenü und wählen Sie *Ausgewählte Routen zusammenfügen.* In den beiden folgenden Dialogen können Sie bei Bedarf zunächst die Reihenfolge der Einzelstrecken ändern und dann entscheiden, ob die ursprünglichen Routen behalten oder gelöscht werden sollen.

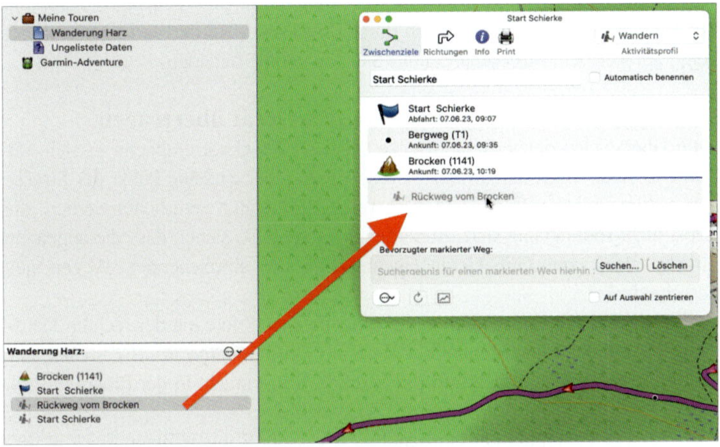

Über das Kontextmenü lassen sich einzelne Routen verbinden

Sobald Sie eine Route in der Bibliothek am linken Rand anklicken, bekommen Sie in der Statusleiste unten links am Bildschirmrand die Länge der Tour angezeigt. Mit einem Doppelklick auf den Routennamen öffnen Sie den Routen-Dialog, wo Sie mit einem Klick auf das Diagramm-Symbol (bei Windwos: *Grafik*) das Höhenprofil der Wanderung einsehen können, um den Schwierigkeitsgrad der

In den Eigenschaften der neuen Route finden Sie hilfreiche Informationen

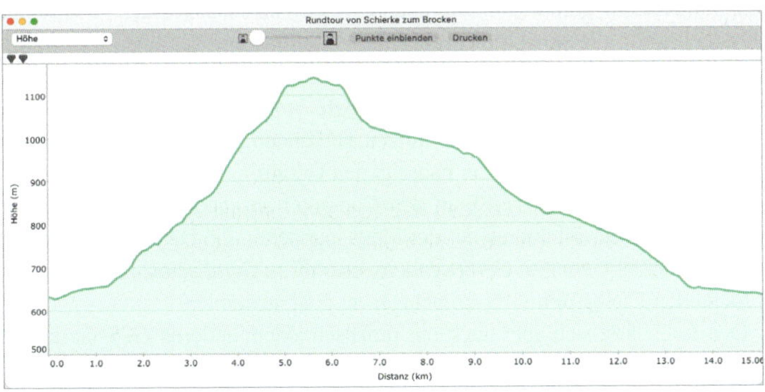

Tour besser abschätzen zu können. Sie können darin jeden beliebigen Punkt mit der Maus anklicken und bekommen durch den Marker auf der Karte genau angezeigt, auf welchem Streckenabschnitt Sie sich gerade befinden.

8. Die geplante Strecke auf das GPS-Gerät übertragen

Zum Überspielen der fertigen Strecke auf das GPS-Gerät empfiehlt es sich, die Route in einen Track umzuwandeln. Dabei wird jeder einzelne Punkt der Strecke gespeichert und der Track kann auch von GPS-Geräten verarbeitet werden, die selbst nicht routingfähig sind. Außerdem stellen Sie so sicher, dass die angelegte Strecke nicht vom GPS-Gerät eigenmächtig auf abweichenden Wegen neu berechnet wird.

Wählen Sie dazu links unten in der Bibliothek die Route mit der rechten Maustaste aus und dann den Menüpunkt *Track aus (ausgewählter) Route erstellen.* Die Daten werden umgewandelt und der erzeugte Track taucht in der Bibliothek auf.

☹ Leider gehen bei der Umwandlung von einer Route in einen Track in Verbindung mit der Freizeitkarte die Höhendaten verloren. Verwenden Sie dagegen eine andere Karte (z. B. die Garmin TOPO Deutschland oder die TopoActive Europa), werden die Höhendaten in den Track übernommen.

Weitere Bearbeitungsmöglichkeiten

BaseCamp kann nicht nur eine Route in einen Track konvertieren, sondern auch andersherum einen Track in eine Route umwandeln, z. B. wenn Sie einen fertigen Track aus dem Internet heruntergeladen haben und die Strecke mit dem Rad nachfahren wollen und dabei vom GPS-Gerät mit Abbiegehinweisen von Kreuzung zu Kreuzung geführt werden möchten. Auch lassen sich Tracks und Routen leicht umkehren, um sie in die entgegengesetzte Richtung zu laufen.

Bleibt als letzter Schritt noch, die erzeugte Strecke auf den GPS-Empfänger zu übertragen, um ihn im Gelände nutzen zu können. Naturgemäß versteht sich BaseCamp ausschließlich auf die hauseigenen Geräte.

Sobald Sie ein Garmin-GPS an den Computer anschließen, können Sie den Track einfach in der Bibliothek mit der Maus markieren, die Dateiübertragung mit dem Menübefehl *Gerät/An Gerät senden/Auswahl an Gerät senden ...* starten und im folgenden Dialog den GPS-Empfänger als Ziel auswählen.

Der Track lässt sich aber auch mit praktisch jedem anderen GPS-Gerät oder Smartphone weiterverwenden. Möglich macht dies das universelle GPX-Format, das sich als Standardformat für den Austausch und die Archivierung von GPS-Daten etabliert hat.

Um die erstellte Wanderung als GPX-Datei zu exportieren, klicken Sie einmal auf den zuvor erzeugten Track und wählen im Hauptmenü *Datei/ Exportieren/Auswahl exportieren.*

Geben Sie dann im folgenden Dialog den Speicherort und Namen für den GPS-Track ein. Im Listenfeld für das Dateiformat ist das GPX-Format bereits voreingestellt. Diese Datei können Sie dann in den meisten Fällen einfach auf Ihr GPS-Gerät übertragen (☞ Seite 104). Es stehen aber auch weitere Dateiformate zur Auswahl, z. B. lässt sich auch eine KML-Datei erzeugen, die Sie sich dann in Google Earth ansehen können.

Eine Trackaufzeichnung am PC auswerten

Die Trackaufzeichnung der zurückgelegten Strecke bei einer Wanderung oder Radtour bietet nicht nur im Notfall eine Sicherheit, um per Trackback (☞ Seite 85) auf demselben Weg zurück zum Ausgangspunkt zu gelangen, sondern ist auch eine tolle Möglichkeit, um die eigenen Outdoortouren zu sammeln und nach dem Urlaub Revue passieren zu lassen.

Am Computer können die Tracks gesammelt und für den späteren Gebrauch archiviert werden. Zusätzlich können Sie den Streckenverlauf auf der Karte anzeigen lassen und im Nachhinein ganz exakt nachvollziehen, wo Sie unterwegs waren.

Darüber hinaus sind vielfältige Statistiken wie Streckenlänge, Geschwindigkeit oder das Höhenprofil abrufbar, und wenn Sie möchten, können Sie die Tour per Replay am Computer nacherleben, auf Wunsch sogar in 3D.

Wegpunkte, Tracks und Routen vom GPS importieren

Ob geplante Touren, aufgezeichnete Tracks oder die Liste mit den Wegpunkten, je länger ein GPS-Gerät in Gebrauch ist, desto größer und unübersichtlicher wird die Datenmenge im Gerätespeicher. Sie sollten die Daten daher in regelmäßigen Abständen auf den Computer übertragen und dort auf der Festplatte archivieren.

Auch in diesem Fall steht Ihnen eine GPS-Software wie Garmin BaseCamp mit vielen nützlichen Funktionen zur Seite. Sobald Sie einen Garmin-Empfänger mit dem Computer verbinden und BaseCamp starten, wird er in der Bibliothek am linken Bildschirmrand angezeigt und Sie können über den Menübefehl *Gerät/Vom Gerät empfangen* die Daten importieren.

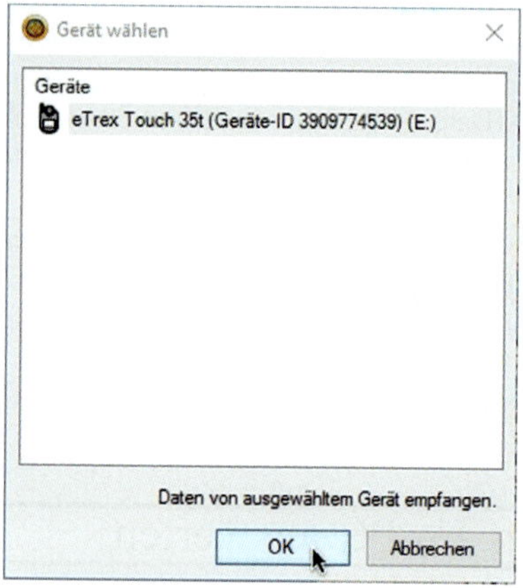

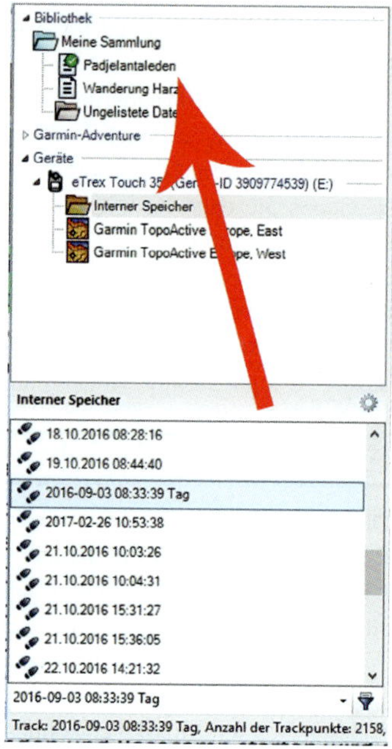

Sie können die kompletten Daten in einem Rutsch importieren oder gezielt einzelne Tracks oder andere Elemente in Ihre Bibliothek kopieren

Alternativ können Sie auch den GPS-Empfänger (zu finden unter *Geräte*) anklicken und bekommen daraufhin alle darauf gespeicherten Elemente wie Wegpunkte, Routen und Tracks aufgelistet.

Diese können Sie mit der Maus anklicken und bei gedrückter Maustaste in die gewünschte Liste Ihrer Bibliothek ziehen, um Sie dorthin zu kopieren.

Trackauswertung

Mit einem Doppelklick auf den Namen des Tracks am linken Bildschirmrand wird die Kartenansicht auf den entsprechenden Bereich zentriert und der Track angezeigt. Zusätzlich wird das Eigenschaften-Fenster geöffnet.

Es liefert Ihnen eine Vielzahl an statistischen Daten zur Tour. Neben der Streckenlänge sehen Sie auch, welche Zeit Sie dafür benötigt haben und wie lange Sie Pause gemacht haben. Außerdem bekommen Sie Angaben zur Geschwindigkeit und vielfältige Informationen zu den zurückgelegten Höhenmetern, wie die maximale und minimale Höhe und den Gesamtanstieg bzw. -abstieg in Metern.

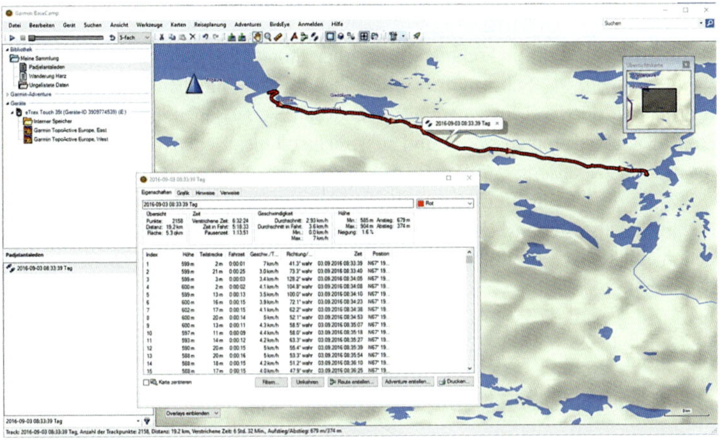

Neben dem Streckenverlauf zeigt BaseCamp auch zahlreiche Reisedaten

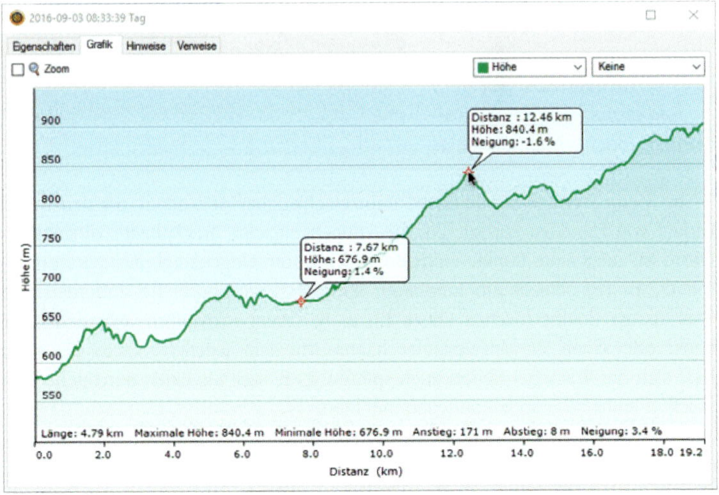

Ein anschauliches Höhenprofil finden Sie im Reiter Grafik. Dort können Sie einzelne Punkte mit der Maus markieren, um genauere Einzelheiten zu bestimmten Teilabschnitten zu erfahren

Trackaufbereitung

Wenn Sie einen Track an Freunde weitergeben möchten oder in einem Tourenportal im Internet (☞ Seite 116) veröffentlichen wollen, empfiehlt sich eine Nachbearbeitung der Trackaufzeichnung, z. B. wenn Sie zwischendurch vom eigentlichen Weg abgekommen sind – und sicherlich soll nicht jeder wissen, wo Sie sich für eine Pinkelpause in den Wald geschlagen haben.

Damit der Originaltrack unangetastet bleibt, sollten Sie ihn zunächst mit der rechten Maustaste anklicken und *Duplizieren*. Anschließend sollten Sie dem neuen Track noch einen eindeutigen Namen geben (Kontextmenü *Umbenennen*). Nun können Sie sich an die Nachbearbeitung machen.

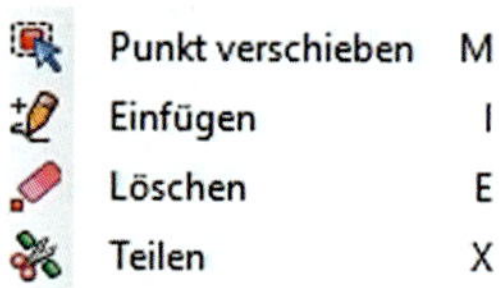

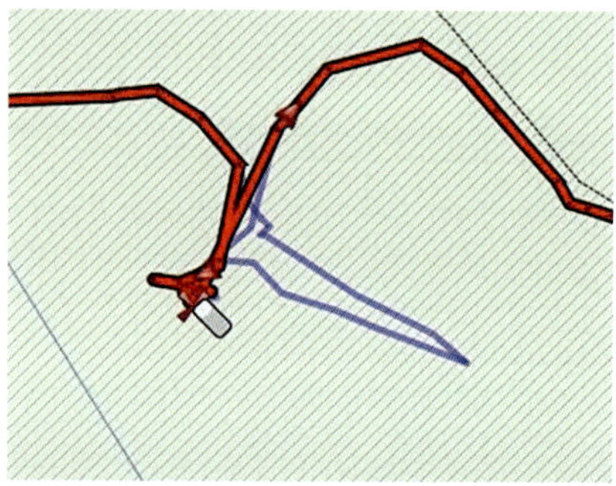

Im Werkzeug-Menü finden Sie verschiedene Hilfsmittel zum Bearbeiten des Trackverlaufs. Mit dem Radiergummi sind „Ausreißer" schnell beseitigt

Im Menü *Werkzeuge* hält BaseCamp verschiedene Tools bereit, um den Trackverlauf von Hand zu korrigieren. Sie können einzelne Trackpunkte verschieben (Taste **M**) oder neue Punkte einfügen (Taste **I**), um Ungenauigkeiten zu korrigieren (z. B. bei schlechtem Empfang), sowie Streckenabschnitte entfernen und überflüssige Punkte löschen (Taste **E**), z. B. „Wegpunktwolken" während einer Pause oder wenn Sie sich verlaufen haben. Mit dem Teilen-Werkzeug (Taste **X**) lässt sich der Track bei Bedarf auch splitten, z. B. weil Sie einen durchgehenden Track in mehrere Etappen aufteilen möchten.

Um einen Track automatisch zu glätten, finden Sie im Kontextmenü (Tracknamen mit rechter Maustaste anklicken) die Funktion *Ausgewählten Track filtern*. Der folgende Dialog bietet Ihnen verschiedene Filterfunktionen, um den Track zu vereinfachen:

▷ *Zeit* gibt die Zeitspanne an, die mindestens zwischen zwei Punkten liegen muss.

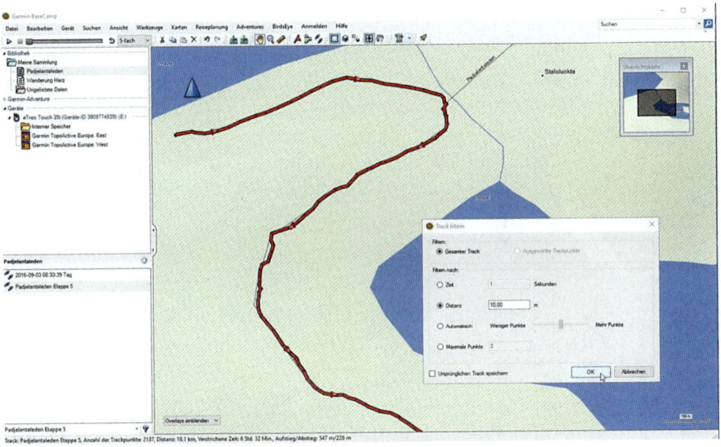

BaseCamp bietet unterschiedliche Filterfunktionen, um den Track zu vereinfachen

- ▷ Distanz gibt eine Entfernung an, die mindestens zwischen zwei Punkten liegen muss.
- ▷ Mit *Automatisch* reduziert BaseCamp die Anzahl der Punkte selbstständig, den Grad der Vereinfachung können Sie mit dem Regler anpassen.
- ▷ Mit *Maximale Punkte* legen Sie die Zahl der Trackpunkte fest, die dann gleichmäßig über die gesamte Strecke verteilt werden.

☺ Der Filter lässt sich auf Teilbereiche des Tracks beschränken. Halten Sie dazu zunächst die Shift-Taste gedrückt und klicken Sie im Eigenschaften-Dialog nacheinander auf den Start- und Endpunkt des zu filternden Bereichs. Wählen Sie dann im Filter-Dialog die Option *Ausgewählte Trackpunkte*.

Geotagging von Fotos

Der Track bietet schon eine sehr anschauliche Dokumentation Ihrer Reise. Doch damit nicht genug, denn mit BaseCamp können Sie Fotos, die Sie während Ihrer Tour aufgenommen haben, sehr einfach mit den geografischen Koordinaten des Aufnahmeorts versehen (Geotagging), um sie dann als Wegpunkte auf der Karte darzustellen.

Wo war ich? Dank GPS lässt sich die Reise auf einer Karte Schritt für Schritt nachverfolgen

Praktisch jede Digitalkamera speichert neben den eigentlichen Bilddaten zahlreiche weitere Metadaten im Foto ab, darunter auch das Datum und die Aufnahmezeit. In der Trackaufzeichnung wird die jeweilige Position in regelmäßigen Abständen gespeichert und BaseCamp kann nun über diesen Zeitstempel jedes Foto einem Trackpunkt zuordnen:

1. Wählen Sie den entsprechenden Track aus und klicken Sie auf *Bearbeiten/Fotos durch Track mit Geo-Tag versehen.*

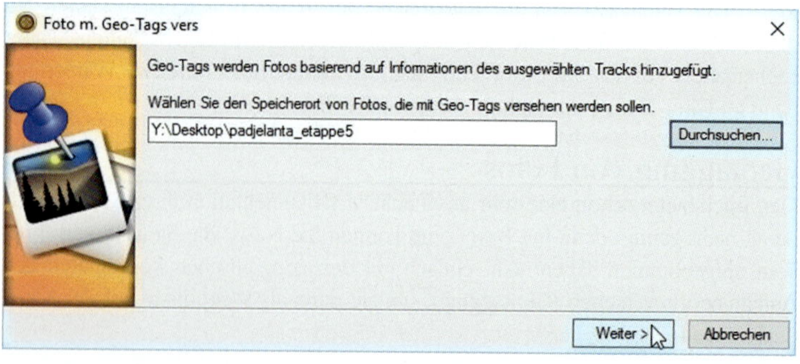

2. Wählen Sie *Durchsuchen* und dann den Ordner mit den Fotos, die Sie während der Aufzeichnung des Tracks aufgenommen haben. Schließen Sie den Dialog mit *Weiter*.
3. Damit BaseCamp für jedes Foto einen Wegpunkt erstellt, muss das Kontrollkästchen *Fotos mit Geo-Tags versehen und dann in BaseCamp importieren* aktiviert sein. Bei Bedarf können Sie einen Zeitversatz angeben. Das wird erforderlich, wenn die Uhr in der Digitalkamera nicht richtig eingestellt war und nicht synchron mit der Uhr im GPS-Empfänger lief. Schließen Sie dann den Dialog mit *Weiter*.

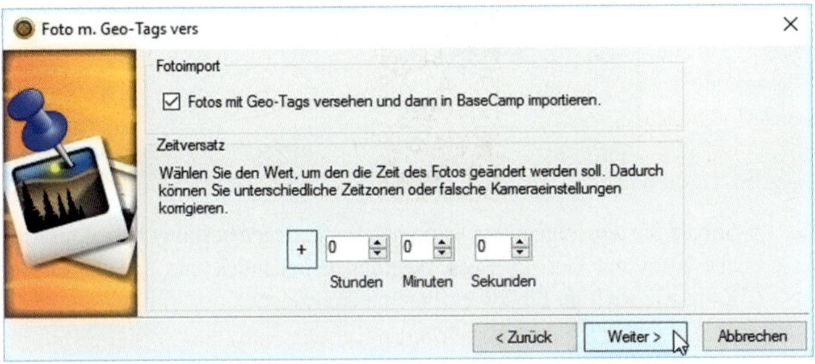

4. Der folgende Dialog informiert Sie darüber, welche Fotos BaseCamp einem Trackpunkt zuordnen konnte. Vergewissern Sie sich, dass alle Kontrollkästchen für die Fotos markiert sind, die als Wegpunkte in BaseCamp übernommen werden sollen, und klicken Sie auf *Foto mit Geo-Tags versehen*.

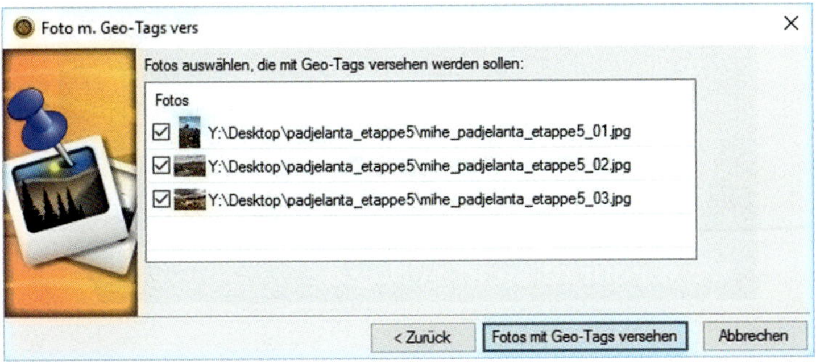

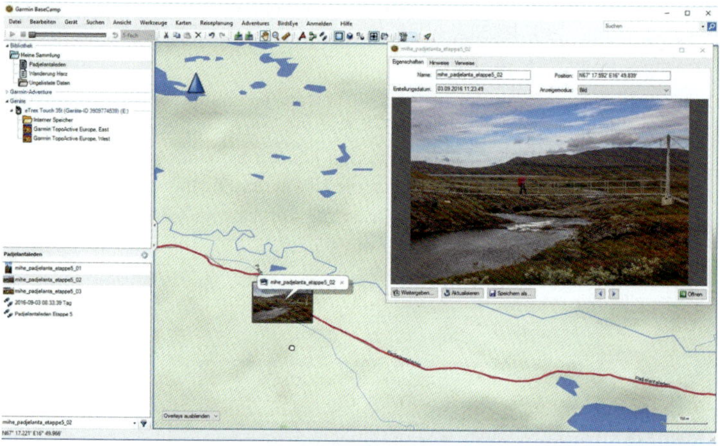

5. Sobald Sie den folgenden Dialog mit *Fertig stellen* bestätigt haben, werden alle Fotos mit Geo-Tags wie Wegpunkte behandelt und sowohl auf der Karte wie auch im Bibliotheksbereich angezeigt.

Mehr wagen,
mehr genießen,
mehr sehen!
Basiswissen für draußen
praktisches Allgemeinwissen für Outdoorbegeisterte und alle, die es werden wollen
Tageswanderungen
Touren in den schönsten Wandergebieten Deutschlands und der ganzen Welt
Fernwanderwege
die idealen Wegbegleiter für alle mehrtägigen Wander-, Rad- und Kanutouren
Unterwegs mit den OUTDOOR-Handbüchern aus dem Conrad Stein Verlag.
Foto: Annika Müller
Regional „Katalonien"

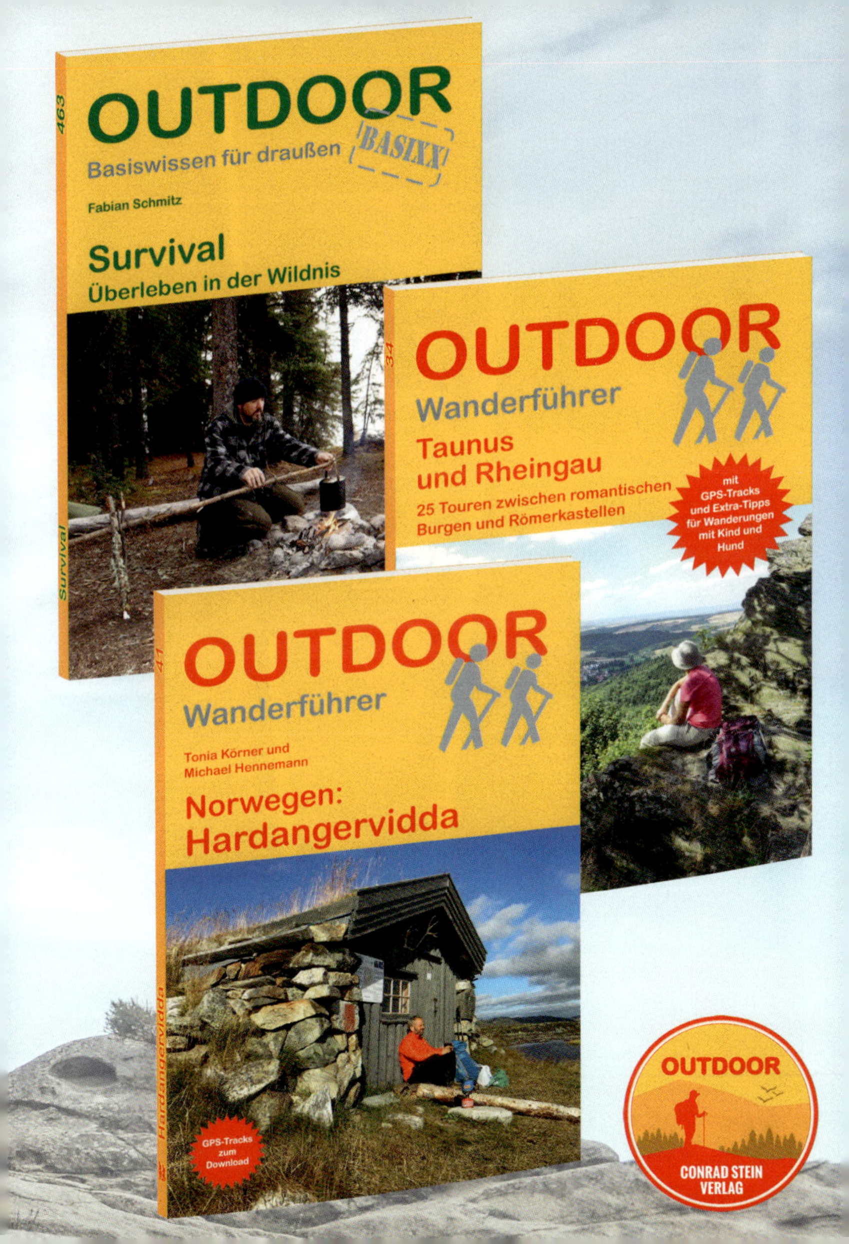

463
OUTDOOR
Basiswissen für draußen
BASIXX
Fabian Schmitz
Survival
Überleben in der Wildnis
Survival
34
OUTDOOR
Wanderführer
Taunus
und Rheingau
25 Touren zwischen romantischen
Burgen und Römerkastellen
mit
GPS-Tracks
und Extra-Tipps
für Wanderungen
mit Kind und
Hund
41
OUTDOOR
Wanderführer
Tonia Körner und
Michael Hennemann
Norwegen:
Hardangervidda
Hardangervidda
GPS-Tracks
zum
Download
OUTDOOR
CONRAD STEIN
VERLAG

10 Kaitumjaurestugorna
Singistugorna 3
Kebnekajse fjällstation 15